Ratgeber Immobilienauswahl

suchen – beurteilen – kaufen

Dirk Noosten

Ratgeber Immobilienauswahl

suchen – beurteilen – kaufen

Der Autor, Prof. Dr.-Ing. Dirk Noosten, ist als Sachverständiger im Bereich der Immobilienbewertung tätig (www.ib-noosten.de). Er lehrt am Fachbereich Bauingenieurwesen der Hochschule Ostwestfalen-Lippe Bau- und Immobilienmanagement sowie Baufinanzierung (www.hs-owl.de/fb3/). Außerdem ist er Autor und Koautor mehrerer Fachbücher. Zur Baufinanzierung ist erschienen:

Ratgeber Baufinanzierung (ISBN 978-3-00-043266-8) 9,90 € (Print-Book)

Ratgeber Baufinanzierung (ISBN 978-3-8442-7429-5) 7,99 € (E-Book)

Zur besseren Lesbarkeit wird in dieser Publikation bei Personenbezeichnungen stets die männliche Form verwendet. Damit werden Frauen wie Männer gleichermaßen angesprochen.

Lektorat und Layout: Dr. Bernd Knappmann, Rielasingen (www.knappmann-lektorat.de)
Umschlaggestaltung: Gerd Noosten, Emden (www.noosten.eu)
Umschlagbild: © Eisenhans - Fotolia.com

ISBN 978-3-9816586-1-3

Vorwort

In diesem Ratgeber werden Auswahl- und Beurteilungskriterien für den Kauf gebrauchter Immobilien erläutert. Dabei wird davon ausgegangen, dass das zur Verfügung stehende Budget bekannt ist, d. h. die Finanzierung durch eine Bank zugesagt wurde; wertvolle Hinweise zu diesem Thema finden sich im *Ratgeber Baufinanzierung* (ISBN 978-3-00-043266-8, Print-Book, bzw. 978-3-8442-7429-5, E-Book). Jetzt geht es darum, die passende Immobilie zu finden.

Der Immobilienerwerb für eigene Wohnzwecke ist für Privatpersonen häufig die nachhaltigste finanzielle Entscheidung im Leben. Fehlentscheidungen können hier verheerende Auswirkungen haben. Die folgenden Ausführungen geben Anhaltspunkte, um den richtigen Standort und den passenden Immobilientyp auszuwählen. Dabei wird auch auf die Besonderheiten beim Erwerb von Eigentumswohnungen, Erbbaurechten und auf das Wohnen im Alter eingegangen. Ergänzend werden die verschiedenen Möglichkeiten der privaten Immobiliensuche erläutert. Zahlreiche Tipps und Checklisten helfen dabei, eine konkret ausgewählte Immobilie zu beurteilen. Nach der Lektüre hat der Leser seinen Blick für wertbeeinflussende Eigenschaften und insbesondere Baumängel geschärft.

Dieses Buch wäre nicht entstanden ohne die Mitwirkenden im Hintergrund. Mein besonderer Dank gilt Frau Ines-Andrea Wilmsmeier-Pauli, die wesentliche Vorarbeiten geleistet sowie zahlreiche Tabellen, Checklisten, Abbildungen und Fotos erstellt hat. Für die sorgfältige Durchsicht des Manuskriptes und zahlreiche Verbesserungsvorschläge danke ich herzlich Herrn Kreisvermessungsdirektor a. D. Dipl.-Ing. Josef Werner. Ebenso danke ich Frau Janina Nowak, Frau Svenja Besse, Herrn Marcel Niehage, Herrn Michael Peine und Herrn Sven Weitkamp, die mit ihren Beiträgen zum Gelingen dieses Buches beigetragen haben. Dem Lektor, Herrn Dr. Bernd Knappmann, möchte ich für die professionelle Herstellung und die gute Zusammenarbeit danken.

Konstruktive Kritik und Hinweise auf Fehler, die sich nie ganz vermeiden lassen, sind unter folgender E-Mail-Anschrift herzlich willkommen: dirk.noosten@hs-owl.de

Detmold, Februar 2015 Dirk Noosten

Inhaltsverzeichnis

Abbildungsverzeichnis

Tabellenverzeichnis

Abkürzungsverzeichnis

BauGB	Baugesetzbuch
BauNVO	Baunutzungsverordnung
BDSF	Bundesverband deutscher Sachverständiger und Fachgutachter
BGB	Bürgerliches Gesetzbuch
BImSchV	Bundes-Immissionsschutzverordnung
BM	Baumasse
BMZ	Baumassenzahl
BNatSchG	Bundesnaturschutzgesetz
BSG	Berufsverband für das Sachverständigen- und Gutachterwesen
DHH	Doppelhaushälfte
DSAG	Deutsche Sachverständigengesellschaft
DVGW	Deutscher Verein des Gas- und Wasserfaches e. V.
EFH	Einfamilienhaus
EnEV	Energieeinsparverordnung
ErbbauRG	Erbbaurechtsgesetz
ETW	Eigentumswohnung
FI-Schalter	Fehlerstromschutzschalter
FNP	Flächennutzungsplan
GBV	Grundbuchverfügung
GE	Gemeinschaftseigentum
GE	Gewerbegebiet
GF	Größe der Geschoßfläche
GFZ	Geschoßflächenzahl
GI	Industriegebiet
GR	Größe der baulichen Anlage
GrStG	Grundsteuergesetz
GRZ	Grundflächenzahl
H	Höhe der baulichen Anlage
HWR	Hauswirtschaftsraum
IHK	Industrie- und Handelskammer
KAG	Kommunalabgabengesetz für das Land Nordrhein-Westfalen
MD	Dorfgebiet
MI	Mischgebiet
MK	Kerngebiet

OLG	Oberlandesgericht
ÖPNV	Öffentlicher Personennahverkehr
P+R	Park-and-Ride-Parkplatz („Parken und Reisen“)
REH	Reihenendhaus
RMH	Reihenmittelhaus
SE	Sondereigentum
SO	Sondergebiet (für Erholung; sonstige)
TRH	Treppenhaus
TrinkwV	Trinkwasserverordnung
VAwS	Verordnung über Anlagen zum Umgang mit wassergefährdenden Stoffen
VB	Verhandlungsbasis
WA	Allgemeines Wohngebiet
WB	Besonderes Wohngebiet
WDVS	Wärmedämmverbundsystem
WEG	Wohnungseigentumsgesetz
WR	Reines Wohngebiet
WS	Kleinsiedlungsgebiet
Z	Zahl der Vollgeschosse
ZFH	Zweifamilienhaus

1 Grundlegende Auswahlkriterien und Wünsche

Eine wichtige Frage bei der Suche nach einer Immobilie für eigene Wohnzwecke ist, wie viel Platz zukünftig benötigt wird und welcher Immobilientyp infrage kommt.

1.1 Die Immobiliengröße

Wie groß die Immobilie und das dazugehörige Grundstück letztendlich ausfallen können, ist in erster Linie eine Frage des Geldbeutels. Und das nicht nur bei der Anschaffung. Auch die künftigen Unterhaltungs- bzw. Renovierungskosten steigen mit der Größe einer Immobilie. Ein wichtiger Punkt ist, wie sich die familiäre Situation in den nächsten Jahren voraussichtlich entwickeln wird: Werden Kinder hinzukommen, ziehen Kinder schon bald aus oder befindet sich der Interessent in einem Alter oder Gesundheitszustand, in dem die Bewirtschaftung und Instandhaltung einer Immobilie große Mühe bereitet?

Meist gibt es wichtige Gründe für einen Immobilienwechsel. Bei der Suche nach einem passenden neuen Domizil kann dann zwischen Wunsch- und K.o.-Kriterien unterschieden werden. Wünsche müssen nicht zwingend erfüllt werden. Anders sieht es mit den K.o.-Kriterien aus. Sucht beispielsweise eine fünfköpfige Familie eine Immobilie, kommt ein Haus mit lediglich einem Kinderzimmer nicht infrage. Andere legen großen Wert darauf, dass sich die Wohnung nicht über mehrere Geschossebenen erstreckt, wie es beispielsweise in kleinen Fachwerkhäusern vorkommen kann. Ist jemand auf den Rollstuhl angewiesen, muss das Objekt barrierefrei sein und ggf. über einen Fahrstuhl verfügen. So hat jeder Kaufinteressent andere Vorstellungen.

In der folgenden Tabelle 1 können die individuellen K.o.-Kriterien eingetragen werden. Trifft eins davon zu, kann die Immobilie gleich „aussortiert“ werden.

Tab. 1: Checkliste: K.o.-Kriterien

K.o.-Kriterium	erfüllt ja / nein
Beispiel: mindestens 3 Kinderzimmer	ja
Beispiel: mindestens 1 Stellplatz	ja

Der Interessent sollte sich über folgende Punkte im Klaren sein:

- Welche Räume und Abstellmöglichkeiten werden benötigt?
- Wie groß sollten die Räume sein?
- Wie groß sollte die Wohn- bzw. Nutzfläche insgesamt sein?

Bei der Einschätzung dieser Punkte hilft die folgende Checkliste (Tab. 2).

Tab. 2: Checkliste: Anzahl der Zimmer und Raumgrößen

Raum	jetzt vorhanden (IST-Zustand)			zukünftig benötigt		gewünschte Raumgrößen (SOLL-Zustand)			
	ja	nein	jetzige Größe in m^2	ja	nein	größer	gleichgroß	kleiner	gewünschte Größe in m^2
Eingangsbereich / Windfang									
Flur									
Wohnzimmer									
Esszimmer									
Küche (offen)									
Küche (separater Raum) bzw. Wohnküche									
Abstellraum									
Hauswirtschaftsraum									
Wintergarten									
Badezimmer 1									
Badezimmer 2									
Gäste WC									
Schlafzimmer									
Kinderzimmer 1									
Kinderzimmer 2									
Kinderzimmer 3									
Gästezimmer									
Arbeitszimmer 1									
Arbeitszimmer 2									
Hobbyraum									
Einfachgarage									
Doppelgarage									
Einfachcarport									
Doppelcarport									
Stellplatz am Haus									
Fahrradstellplätze (überdacht / ebenerdig / im Keller)									
Stellplatz auf öffentlichen Flächen (z. B. Straße)									
Parkmöglichkeiten für Besucher									
Dachboden als Lagerfläche									
Dachboden ausgebaut									
Keller (allgemein)									
Wasch- und Trockenkeller									
Hausanschluss- / Heizungskeller									
Vorratskeller									
Hobbykeller									
Partykeller									
Kelleraußentreppe									
Balkon / Loggia									
Terrasse									
Garten									
Wintergarten									
SUMME JETZIGE RAUMGRÖSSEN:				SUMME GEWÜNSCHTE RAUMGRÖSSEN:					

Tab. 3: Vergleich SOLL-Zustand/besichtigte Immobilie: Anzahl Zimmer/Raumgrößen

Raum	zukünftige Raumgrößen (SOLL-Zustand)	Immobilie				Bemerkungen / Hinweise
	gewünschte Größe in m^2 (aus Tab. 2)	Größe in m^2	gut	neutral	schlecht	
Eingangsbereich						
Flur						
Wohnzimmer						
Esszimmer						
Küche (offen)						
Küche (separater Raum) bzw. Wohnküche						
Abstellraum						
Hauswirtschaftsraum						
Wintergarten						
Badezimmer 1						
Badezimmer 2						
Gäste WC						
Schlafzimmer						
Kinderzimmer 1						
Kinderzimmer 2						
Kinderzimmer 3						
Gästezimmer						
Arbeitszimmer 1						
Arbeitszimmer 2						
Hobbyraum						
Einfachgarage						
Doppelgarage						
Einfachcarport						
Doppelcarport						
Stellplatz am Haus						
Fahrradstellplätze (überdacht / ebenerdig / im Keller)						
Stellplatz auf öffentlichen Flächen (z. B. Straße)						
Parkmöglichkeiten für Besucher						
Dachboden als Lagerfläche						
Dachboden ausgebaut						
Keller (allgemein)						
Wasch- und Trockenkeller						
Hausanschluss- / Heizungskeller						
Vorratskeller						
Hobbykeller						
Partykeller						
Kelleraußentreppe						
Balkon / Loggia						
Terrasse						
Garten						
Wintergarten						
			gut	neutral	schlecht	Gesamturteil
Summe der (Smiley)						

Gerade beim Ausfüllen der letzten Tabellenspalte, „Gewünschte Raumgrößen", kann sich ein Laie schnell verschätzen und damit die Gesamtgröße und die Folgekosten enorm in die Höhe treiben.

Außerdem kommt es nicht nur auf die Größe des Raumes, sondern auch auf den Zuschnitt an. Kleine „gut geschnittene" Räume sind häufig funktionaler als große „schlecht geschnittene". Auch spielt die Beleuchtung mit Tageslicht eine erhebliche Rolle. Weiterhin sollte beim Ausfüllen der Tabelle darauf geachtet werden, dass beispielsweise die Küche kleiner ausfallen kann, wenn ein Vorratsraum neu dazu kommt. Nicht übersehen werden sollte, dass der Platzbedarf und die Ansprüche an den Komfort mit fortschreitendem Alter meist ansteigen.

Nach dem Ausfüllen und der Auswertung der Checkliste (Tab. 2) stehen die gewünschten Raumgrößen fest. Tabelle 3 kann als Hilfestellung zum Termin vor Ort mitgenommen werden. Werden nach der Immobilienbesichtigung die Smileys aufsummiert, wird sichtbar, ob die Immobilie eher als attraktiv oder als unattraktiv einzustufen ist.

Gegebenenfalls muss sich der potenzielle Käufer fragen, ob er sich die angestrebte Wohnfläche überhaupt leisten kann oder ob die gewünschten Raumgrößen noch einmal überdacht werden müssen.

1.2 Auswahl des Immobilientyps

Eine wichtige Frage ist, welche Art von Immobilie der Interessent bevorzugt. Infrage kommen als Wohneigentum zur eigenen Nutzung in erster Linie folgende Typen:

- Eigentumswohnung
- Einfamilienhaus
- Doppelhaushälfte
- Reihenhaus (Reihenendhaus, Reihenmittelhaus)
- Zweifamilienhaus
- Stadthaus
- Stadtvilla

Sicherlich ist es nicht einfach, die perfekte, auf die eigenen Wünsche und Bedürfnisse zugeschnittene gebrauchte Immobilie zu finden. Aber nach dem Ausfüllen und Auswerten der Checklisten kann sich der Käufer viel Zeit und Mühe bei der Besichtigung des „falschen“ Immobilientyps sparen. Die folgenden Beurteilungskriterien lassen sich dabei für alle Immobilientypen anwenden.

2 Beurteilungskriterien

Sobald eine konkrete Immobilie zur Auswahl steht und in die engere Wahl kommt, muss sie in Bezug auf verschiedene Kriterien näher betrachtet werden. Bevor die Bausubstanz selbst untersucht wird, ist das Umfeld der Immobilie von Interesse. Wichtig sind damit

- die Beurteilung des Wohnviertels und
- die Beurteilung des Grundstücks

2.1 Beurteilung des Wohnviertels

Zur Beurteilung des Wohnviertels zählen die folgenden Punkte:

- Welchen Eindruck macht der Stadtteil / das Wohnviertel?
- Welchen Eindruck machen die Menschen, die sich hier aufhalten?
- Welche öffentlichen Einrichtungen gibt es (Schulen, Kindergärten, Rathaus, Bibliothek)?
- Welche Freizeitmöglichkeiten gibt es (Schwimmbad, Theater, Park, Sportvereine)?
- Gibt es Einrichtungen des täglichen Bedarfs in der Nähe (Einzelhandel, Discounter, Ärzte, Apotheken)?
- Gibt es Spielmöglichkeiten für Kinder?
- Sind in der direkten Nachbarschaft Gastronomie- (Restaurants, Bars, Diskotheken) oder Gewerbebetriebe?
- Welche störenden Einflüsse wirken auf das Grundstück (Lärm, Gerüche)?
- Wie sieht die Nachbarbebauung aus (Geschosshöhe, Alter)?
- Sind die Nachbarhäuser, Grundstücke und Gärten eher gepflegt oder eher ungepflegt?
- Wie ist die Immobilie mit dem Pkw erreichbar?
- Ist ein eigener Pkw zwingend erforderlich?
- Gibt es Parkmöglichkeiten?
- Ist die Immobilie mit öffentlichen Verkehrsmitteln zu erreichen (Anzahl der Linien, Taktzeit)?

2.2 Beurteilung des Grundstücks

„Ein Haus in bester Lage
hat vor dem Wohnzimmer die Ostsee und vor dem Schlafzimmer die Alpen.
Es befindet sich in unmittelbarer Nähe eines ICE-Bahnhofs
und eines internationalen Flughafens –
und trotzdem ist es so ruhig und naturhaft
wie in einem versteckten Winkel Norwegens."
(BRÜCKNER/LÜCKE)

Wie das Zitat zeigt, muss man bei den Wunschvorstellungen in Bezug auf die Lage seiner neuen Immobilie gewisse Abstriche machen und Kompromisse eingehen. Doch welche Kriterien zur Beurteilung des Grundstücks und seiner unmittelbaren Nachbarschaft sind wirklich wichtig? Unabhängig von den individuellen Vorlieben sind es folgende Punkte:

- Größe
- Zuschnitt
- Himmelsausrichtung des Gebäudes auf dem Grundstück
- Belästigungen (Lärm, Geruch, Staub)
- Bepflanzung
- Gewässer
- Lager- und Abstellflächen

Darauf wird in den folgenden Abschnitten näher eingegangen. Darüber hinaus gibt es viele weitere Aspekte, die eine große Rolle spielen, jedoch aus Platzgründen nicht näher vorgestellt werden können (z. B. Hanglagen, Bergsenkungs-, Überschwemmungs- oder Erdbebengebiete).

2.2.1 Die Grundstücksgröße

Für die Grundstücksgröße gilt: Je größer das Grundstück, desto höher der Kaufpreis. Dieser Zusammenhang ist unabhängig von der Wohnlage. Und: Je größer das Grundstück, desto höher die Bewirtschaftungskosten. Schließlich müssen mehr Zeit und Geld in die Pflege investiert werden.

Der Käufer sollte sich also darüber Gedanken machen, wie er sein Grundstück nutzen möchte: Ist ein Blumen- oder Gemüsegarten gewünscht, brauchen Spielgeräte und Sandkasten Platz, muss es eine große Terrasse sein oder reicht ein kleiner Sitzplatz hinter dem Haus?

2.2.2 Der Grundstückszuschnitt

Beim Grundstückszuschnitt geht es um die Geometrie des Grundstücks. Für normale Grundstücksgrößen (< 1.000 m²) sind quadratische oder rechteckige Formen mit einem Seitenverhältnis von bis zu 4:3 ideal. Dreieckige oder trapezförmige Grundstücke lassen sich dagegen im Allgemeinen schlecht nutzen. Und bei einem Eckgrundstück beispielsweise fallen häufig Erschließungs-, Straßenreinigungs- und Winterdienstkosten für beide Straßen an. Außerdem muss der vergleichsweise lange Bürgersteig gereinigt und im Winter geräumt werden.

Kleine Grundstücke mit gutem Zuschnitt können besser sein als große Grundstücke mit schlechtem. Aber auch auf nicht optimal geschnittenen Grundstücken können gute Architekten mit durchdachten Entwürfen ein Traumhaus mit gelungener Gartengestaltung entstehen lassen. Es kommt immer darauf an, wie das Grundstück genutzt bzw. bebaut wird. Auf jeden Fall sollte darauf geachtet werden, dass der Vorgarten im Vergleich zum Garten hinter dem Haus möglichst klein ist, denn der Vorgarten kann meist nur eingeschränkt genutzt werden.

Es kann also nicht von „dem perfekten Grundstück“ gesprochen werden: Es zählt der Gesamteindruck des Grundstückes mit Gebäude und Außenanlagen.

2.2.3 Die Himmelsausrichtung der Immobilie auf dem Grundstück

Für die Ausrichtung des Gebäudes auf dem Grundstück gilt die Faustregel: Die Immobilie sollte so ausgerichtet sein, dass deren Bewohner die Räume mit dem Lauf der Sonne nutzen. Dies wird in der Reihenfolge des Sonnenlaufs erläutert.

Osten

Bekanntlich geht die Sonne im Osten auf. Die ersten Räume, die von der noch recht tief stehenden, aufgehenden Sonne durchflutet werden, sollten also Schlafräume und Küche sein. Das einfallende Sonnenlicht hilft beim Wachwerden und motiviert für den Tag.

Süden

Wer träumt nicht vom Südbalkon oder der Terrasse in südlicher Ausrichtung? Südseiten haben im Verlauf des Tages am längsten direktes Sonnenlicht. Direkte Sonneneinstrahlung ist dort hauptsächlich in der Mittagszeit. Morgens ist sie dort noch nicht, abends nur noch indirekt. Dies ist optimal für Familien oder Bewohner, die sich tagsüber zu Hause aufhalten. Somit sind Aufenthalts- und Wohnräume, aber auch Kinderzimmer mit Südausrichtung eine gute Wahl.

Westen

Im Westen geht die Sonne unter, doch kann sie dann noch die Räume beleuchten, die hauptsächlich in den Abendstunden genutzt werden. Hierzu zählen das Wohn- und das Esszimmerzimmer sowie ggf. Hobbyräume und das private Arbeitszimmer.

Wirtschaftsräume, die Küche, das Treppenhaus sowie der Eingangsbereich sollten zur Straßenseite ausgerichtet sein, Räume, die der Entspannung und Erholung dienen, wie beispielsweise Schlaf- und Wohnzimmer, an der ruhigeren Gartenseite liegen.

Die dem Wind meistzugewandte Seite des Hauses („Wetterseite“) sollte ermittelt werden, um mögliche Feuchteschäden zu erkennen. Zu bedenken ist, dass ein allein stehendes Haus sehr stark dem Wind ausgesetzt ist – mit allen negativen Begleiterscheinungen (Verwitterung, Windgeräusche, erhöhter Heizbedarf). Beispielsweise kann es an einer vorgehängten Fassade mit Schieferplatten zu Klappergeräuschen kommen.

Abbildung 1 zeigt die ideale Ausrichtung des Hauses auf dem Grundstück. Neben den Himmelsrichtungen und dem Stand der Sonne zu den verschiedenen Tageszeiten wird die ideale Ausrichtung der Räume dargestellt.

Abb. 1: Ideale Ausrichtung des Hauses

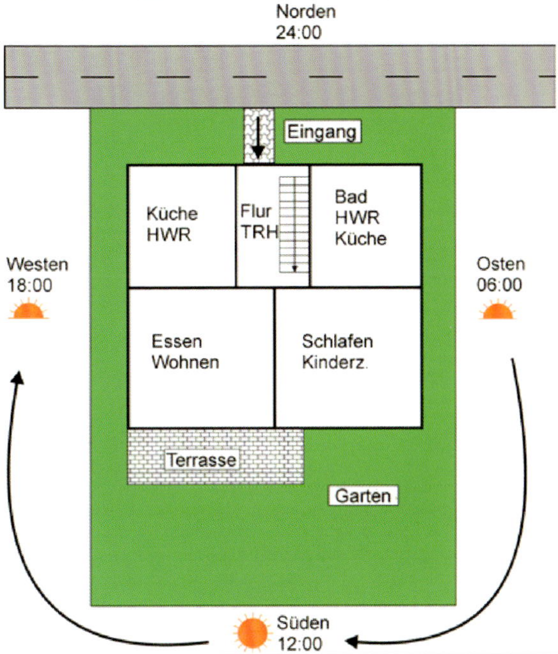

2.2.4 Lärm-, Geruchs- und Staubbelästigungen

Was als Lärm-, Geruchs- oder Staubbelästigung zu bezeichnen ist und ab welcher Intensität überhaupt von einer Belästigung gesprochen werden kann, ist subjektiv. Wichtig ist, dass ein Interessent sich die Immobilie zu verschiedenen Tages- und Nachtzeiten, aber auch an verschiedenen Wochentagen (innerhalb der Woche und auch am Wochenende) anschauen sollte.

- Lärmbelästigungen können durch Verkehr (Straßen, Bahnlinien, Flugzeuge), Industrie- und Gewerbebetriebe, Gastronomie, aber auch durch Schulen und Kindergärten sowie Spielplätze und Sportanlagen entstehen.
- Geruchsbelästigungen können durch Industrie- und Verkehrsabgase, landwirtschaftliche und gastronomische Betriebe, Deponien sowie Kläranlagen entstehen. Aber auch Gerüche aus Bäckereien und Metzgereien können störend sein.

- Staub entsteht häufig im ländlichen Bereich, beispielsweise durch Wind, der über Felder oder Freiflächen weht, aber auch durch Industrieanlagen und Verkehrsflächen.

2.2.5 Die Bepflanzung des Grundstücks

Auch beim Garten sind einige Punkte zu beachten. So kann gemäß Baugesetzbuch eine bestimmte Bepflanzung im Bebauungsplan vorgeschrieben sein. Im Allgemeinen sind aber folgende Fragen von Interesse:

- Ist der Garten bereits angelegt?
- Gefällt der Garten oder muss er noch umgestaltet werden?
- Gibt es hohen Baumbestand, der Schatten auf Teile des Hauses wirft?
- Gibt es Bäume, die nicht gefällt werden dürfen?
- Gibt es Gefährdungen durch (morsche) Bäume (Astbruch)?

Frei im Garten stehende Bäume sind natürliche Schattenspender und somit oft eine Bereicherung für das Grundstück. Doch es gilt: Je größer der Baum, desto mehr Laub muss im Herbst gesammelt und (je nach Gemeinde auch kostenpflichtig) entsorgt werden. Wachsen hohe Bäume nah am Haus, kann auch dies Probleme aufwerfen: Sie können die Innenräume abdunkeln, sodass häufiger das Licht eingeschaltet werden muss; es kann zu einem Grünbelag der Hausfassade und des Daches führen; das Laub verstopft die Regenrinne, die dann aufwendig gereinigt werden muss; große Baumwurzeln können den Gehweg, die Terrasse oder andere befestigte Flächen unterwachsen und hochhebeln.

Das Fällen von Bäumen unterliegt in vielen Gemeinden einer Baumschutzsatzung (auch Gehölzschutzsatzung, Baumschutzordnung), die regelt, unter welchen Voraussetzungen Bäume auf dem Grundstück gefällt werden dürfen. Baumschutzsatzungen haben ihre rechtliche Grundlage in § 29 Bundesnaturschutzgesetz (BNatSchG) „Landschaftsbestandteile“ und den entsprechenden Landesgesetzen. In Nordrhein-Westfalen ist dies z. B. in § 45 Landschaftsgesetz NRW geregelt.

Allergiker sollten sich auch den Bewuchs auf den Nachbargrundstücken ansehen, weil darauf kein Einfluss genommen werden kann. Ist die Wunschimmobilie von allergieauslösenden Pflanzen umgeben, sollte dies bei der Kaufentscheidung berücksichtigt werden.

2.2.6 Gewässer

Gartenteiche sollen an dieser Stelle nicht erörtert werden, weil sie veränderbar sind. Vielmehr geht es um Grundstücke, die an ein Fließ- oder Stillgewässer grenzen, also beispielsweise an einen Bach oder einen See. So schön ein Grundstück in so einer Lage auch sein mag: Solche Gewässer bedingen einen hohen Grundwasserstand und haben ein Potenzial für Überschwemmungen. Im schlimmsten Fall zählt der Garten zum Überflutungsgebiet bei Hochwasserlagen. Auskünfte darüber, ob das Grundstück hochwassergefährdet ist oder bereits häufiger geflutet war, gibt die zuständige Stadt- oder Gemeindeverwaltung und ggf. auch ein ehrlicher Besitzer oder Nachbar.

Letztlich werden bei Grundstücken an Gewässern vom Gebäudeversicherer genaue Informationen vom Eigentümer angefordert, um die durch die Gewässer entstehenden Gefahren einzuschätzen und somit einen ausreichenden Versicherungsschutz gewährleisten zu können. Anzumerken ist hier, dass Versicherungen solche Grundstücke ggf. nicht gegen Hochwasser versichern.

Bei einem hohen Grundwasserstand sollte sich der Kaufinteressent gerade im Kellerbereich die Wände auf Durchfeuchtung anschauen.

2.2.7 Lager- und Abstellflächen auf dem Grundstück

Neben Abstellflächen für das Auto und die Müllgefäße werden weitere Flächen für Fahrräder, Gartengeräte etc. benötigt. Vielleicht gibt es hierfür bereits Unterstellmöglichkeiten, beispielsweise in einer Gartenlaube. Wenn ja stellt sich die Frage, ob die Laube groß genug, renovierungsbedürftig und erlaubt ist.

Erlaubt heißt in diesem Fall, ob sie auf der Grenze steht und dies mit dem Nachbarn abgestimmt ist. Andernfalls droht Ärger mit dem Nachbarn bzw. dem zuständigen Bauamt. Wie groß Gartenlauben sein dürfen oder wie nah sie an die Grenze zum Nachbarn gebaut werden dürfen, hängt vom Bundesland ab und kann beim zuständigen Bauordnungsamt erfragt werden.

2.3 Checkliste zur Grundstücksbeurteilung

Die oben erläuterten und zu beachtenden Kriterien zur Beurteilung eines Grundstücks werden in folgender Checkliste (Tab. 7) zusammengefasst.

Tab. 7: Checkliste: Grundstück

Kriterium	IST-Zustand			SOLL-Zustand
	gut / positiv / nicht störend	mittel / neutral	schlecht / negativ / störend	ändern / renovieren / Anmerkungen
Größe				
Zuschnitt				
Ausrichtung				
Hanglage				
Eckgrundstück				
Hinterbebauung				
Bepflanzung				
Baumbestand				
Befestigte Flächen (Wege / Stellplätze)				
Terrasse				
Gartenteich				
See				
Fluss / Bachlauf				
Hausbeschattung durch Bepflanzung				
Einsehbarkeit Garten durch Nachbarn				
Einsehbarkeit Garten durch Passanten				
Einsehbarkeit Wohnräume durch Nachbarn				
Einsehbarkeit Wohnräume durch Passanten				
Nachbargebäude				
Nachbargärten				
Lärm				
Gerüche				
Altersdurchschnitt der Nachbarn				
				Gesamtbeurteilung des Grundstücks
Summe der				

Wenn nach der subjektiven Bewertung des Grundstücks anhand der Tabellen weiterhin ein ernsthaftes Interesse am Kauf der Immobilie besteht, sollten weitere Unterlagen eingesehen werden, um auch objektive Informationen zu erhalten. Diese Unterlagen und deren Beschaffung werden im folgenden Kapitel erläutert.

3 Beschaffung von Unterlagen zur Objektbeurteilung

Hat es eine Immobilie geschafft, in die engere Wahl zu kommen, sollten diverse Unterlagen eingesehen bzw. angefordert werden, um das Objekt näher beurteilen zu können. Dabei geht es um folgende Aspekte:

- Erschließungskosten nach BauGB für die Ersterschließung
- Erschließungskosten nach KAG z. B. für die Erneuerung des Bürgersteigs
- Grundbuch
- Baulasten
- Nutzungsmöglichkeiten
- Bodenwerte
- Altlasten
- Denkmalschutz
- Nutzungskosten

3.1 Erschließung und Erschließungskosten des Grundstücks

Als „Erschließung“ werden alle baulichen Maßnahmen und rechtlichen Regelungen bezeichnet, die erforderlich sind, um ein Gebäude bei dessen Fertigstellung ordnungsgemäß nutzen zu können. Sie ist damit Grundvoraussetzung für die Bebaubarkeit eines Grundstücks. Gemäß § 123 BauGB ist die Erschließung Aufgabe der jeweiligen Gemeinde. Wichtig zu wissen ist, ob das Wunschgrundstück voll oder nur teilweise erschlossen ist, ob also noch Erschließungskosten anfallen oder bereits alle baulichen Maßnahmen abgeschlossen sind und auch bezahlt wurden.

Zu der Erschließung gehört der Anschluss an das öffentliche Straßen- und Wegenetz sowie an das Versorgungsnetz, bestehend aus:

- Abwasseranschluss/Kanalisation
- Elektrizitätsanschluss/Energieversorgung
- Telekommunikation
- verkehrsgerechte Anbindung an eine Straße
- Frischwasseranschluss

Die hierfür entstehenden Erschließungskosten für den Anschluss des Grundstücks an Kanalisation sowie Wasser- und Energieversorgung beinhalten auch anteilig Kosten des Straßenbaus samt Gehweg und Beleuchtung, öffentlichen Grünflächen, Kinderspielplätzen und Lärmschutzanlagen. Ist also die das Grundstück umgebende Straße in einem desolaten Zustand und muss neu angelegt werden, können hier noch Zusatzkosten auf den Käufer zukommen. Erschließungskosten sind auch für das Telefon- und Kabelfernsehnetz zu entrichten. In der Regel muss sich der Eigentümer daran mit bis zu 90 Prozent beteiligen; genauere Auskünfte sind jeweils bei der zuständigen Gemeinde einzuholen.

Die zu beachtenden Kriterien zur Grundstückserschließung werden in folgender Checkliste (Tab. 8) nochmals zusammengefasst:

Tab. 8: Checkliste: Erschließung des Grundstücks

Grundstückserschließung					
Erschließungsart	**bereits bezahlt**		**noch zu bezahlen**		**Information durch**
	Summe in €	**an wen**	**Summe in €**	**an wen**	
Straße					• zuständige Gemeinde • derzeitige Besitzer
Kanal					
Frischwasser					
Energieversorgung (Strom)					
Energieversorgung (Fernwärme / Gas)					
Telekommunikation					
Datenleitungen					
Sonstige					

3.2 Einzusehende Unterlagen vor dem Immobilienerwerb

Vor dem Erwerb einer Immobilie sollten zur Vermeidung von Überraschungen die folgenden Unterlagen zum Objekt eingesehen werden:

- Grundbuch/Grundbuchauszug
- Baulastenverzeichnis
- Bebauungsplan
- Flächennutzungsplan
- Bodenrichtwertkarte

3.2.1 Das Grundbuch

Das Grundbuch ist ein amtliches und öffentliches Verzeichnis von Grundstücken, in dem die Eigentumsverhältnisse sowie etwaige mit dem Grundstück verbundene Rechte und auf ihm liegende Lasten erfasst werden. Geführt wird das Grundbuch vom jeweiligen Grundbuchamt. Das ist in der Regel das Amtsgericht, in dessen Bezirk das Grundstück liegt.

Gemäß § 12 der Grundbuchordnung darf nicht jeder Einsicht in das betreffende Grundbuch nehmen: Es muss ein berechtigtes Interesse bestehen, das beispielsweise durch eine Vollmacht vom Verkäufer dargelegt werden kann. Ausgenommen von dieser Einschränkung sind Notare, die grundsätzlich Einsicht nehmen können.

Gliederung der Grundbuchblätter

Für jedes Grundstück gibt es ein eigenes Grundbuchblatt, das deutschlandweit einheitlich gegliedert ist. Es besteht neben dem Deckblatt aus vier weiteren Teilen:

- Deckblatt
- Bestandsverzeichnis
- Abteilung I – Eigentumsverhältnisse
- Abteilung II – Lasten und Beschränkungen
- Abteilung III – Grundpfandrechte

Das **Deckblatt** des Grundbuches (siehe Abb. 2) wird auch als Grundbuchaufschrift bezeichnet. Es enthält:

- die Angabe des Amtsgerichtes (z. B. Amtsgericht XY)
- die Angabe des Grundbuchbezirkes (z. B. Grundbuch von Stadt XY)
- die Grundbuchblattnummer (z. B. Band 3, Blatt 76)

Abb. 2: Deckblatt / Grundbuchaufschrift

Amtsgericht	Detmold
Grundbuch von	Detmold
Blatt	1 [redacted] 2

Dieses Blatt ist zur Fortführung auf EDV umgestellt worden und dabei an die Stelle des bisherigen Blattes getreten. In dem Blatt enthaltene Rötungen sind schwarz sichtbar.

Freigegeben am 20.09.2005, Röcker

Im **Bestandsverzeichnis** des Grundbuchs (siehe Abb. 3) werden vom Katasteramt vorgeschriebene Angaben dokumentiert, wie:

- Grundstücksnummer
- Grundstücksgröße
- Lage des Grundstücks
- Flurstückunterteilung des Grundstücks

Abb. 3: Bestandsverzeichnis Grundbuch

Amtsgericht Detmold Grundbuch von Detmold Blatt [redacted] **Bestandsverzeichnis**

Laufende Nummer der Grundstücke	Bisherige laufende Nummer der Grundstücke	Bezeichnung der Grundstücke und der mit dem Eigentum verbundenen Rechte					Größe		
		Gemarkung (Vermessungsbezirk)	Karte Flur	Karte Flurstück	Liegenschaftsbuch	Wirtschaftsart und Lage	ha	a	qm
		a	b		c/d	e			
1	2	3					4		
1-2	gelöscht								
3	2,3	Detmold	9	7[redacted]	6[redacted]	Gebäudefläche, am Graben mit Wohnhaus B 40 b			
		Detmold	9	7[redacted]	6[redacted]	Garten, daselbst	-	1	05
		Detmold-	9	7[redacted]		Hofraum, Am Graben			
			9	6[redacted]	6[redacted]	Hof- und Gebäudefläche, Grabenstraße [redacted]		1	05
					1[redacted]2	Gebäude- und Freifläche, Grabenstraße [redacted]	-	1	05

Der **Abteilung I – Eigentumsverhältnisse** kann ein potenzieller Käufer Informationen über gegenwärtige und ehemalige Grundstückseigentümer entnehmen. Die Eintragungen sind fortlaufend nummeriert. Gelöschte Einträge sind unterstrichen (gerötet), teilweise aber auch durchgestrichen. Somit bleibt nur ein Eintrag übrig, der den aktuellen Eigentümer benennt. Die Abbildungen 4 und 5 zeigen den Aufbau. Der Begriff Auflassung bedeutet die Einigung zwischen Verkäufer und Käufer über den Übergang des Eigentums. Aufgrund der Eintragung der Auflassung kann nachvollzogen werden, auf welcher Rechtsgrundlage der Eigentumswechsel, der in der Regel mit der Eintragung im Grundbuch erfolgt, beruht. Der Eigentumsübergang erfolgt also nicht mit der Auflassungsvormerkung beim Notar, sondern erst mit der Eintragung der Eigentumsänderung im Grundbuch. Der Besitzübergang hingegen kann für einen anderen Termin vereinbart werden.

Abb. 4: Erste Abteilung des Grundbuchs, Seite 1

Amtsgericht Detmold Grundbuch von Detmold Blatt 1[redacted]2 **Abteilung I**

Laufende Nummer der Eintragungen	Eigentümer	Laufende Nummer der Grundstücke im Bestandsverzeichnis	Grundlage der Eintragung
1	2	3	4
8.1 8.2	[redacted], geboren am – zu 1/2 Anteil – [redacted], geboren am – zu 1/2 Anteil –	3	Auf Grund Auflassung vom 11.02.2006 eingetragen am 01.06.2006. Drewes

Abb. 5: Erste Abteilung des Grundbuchs, Seite 2

Amtsgericht Detmold Grundbuch von Detmold Blatt 1[redacted]2 Abteilung I

Laufende Nummer der Eintragungen	Eigentümer	Laufende Nummer der Grundstücke im Bestandsverzeichnis	Grundlage der Eintragung
1	2	3	4
1–2	gelöscht		
3	Ehefrau [redacted] geb. [redacted] in Detmold	3	Das auf dem bisherigen Blatt Detmold Band 13 Blatt 601 eingetragene Eigentum ist bei Umschreibung des Blattes hier eingetragen am 27. April 1966.
4	Ehefrau [redacted] geb. [redacted] in Dortmund – Wellinghofen.	3	Aufgelassen am 18. November 1971 und eingetragen am 25. Dezember 1971.
5	Rentner [redacted], Detmold	3	Aufgelassen am 30.November 1975 und eingetragen am 20.Februar 1976.
6a) b)	[redacted], geb. [redacted] [redacted] geb. [redacted], geb. [redacted] ber 1953 beide in Detmold zu je 1/2	3	Aufgelassen am 25. April 1986 und eingetragen am 22. Juli 1986.
7	[redacted], geboren am [redacted]	3	Aufgelassen am 3. Februar 2000 und eingetragen am 25. Mai 2000.

In **Abteilung II** sind **Lasten und Beschränkungen** eines Grundstücks aufgeführt (siehe Abb. 6 und 7); von diesen zu unterscheiden sind die sogenannten „Baulasten" (siehe Abschnitt 3.2.2). Zu den Lasten und Beschränkungen eines Grundstück gehören:

- Dienstbarkeiten
- Reallast (z. B. Grundrenten)
- Nießbrauch
- Wohnrecht
- Leitungsrecht
- Vorkaufsrechte
- Auflassungsvormerkung
- Erbbaurecht

Bei den Dienstbarkeiten wird unterschieden zwischen Grunddienstbarkeiten und beschränkten persönlichen Dienstbarkeiten. Bei den Grunddienstbarkeiten ist der Berechtigte der jeweilige Eigentümer eines bestimmten Grundstücks, z. B. des Nachbargrundstücks. Bei den beschränkten persönlichen Dienstbarkeiten ist der Berechtigte eine natürliche oder juristische Person, z. B. der Sohn oder das Versorgungsunternehmen. Als Dienstbarkeiten können beispielsweise Wegerechte, Dienstbarkeiten der Verlegung einer Hochspannungsleitung des Energieversorgers über dem Grundstück, Altenteile, Wohnrechte etc. eingetragen sein.

Die Reallast ist das Recht einer bestimmten Person (des Berechtigten), aus einem Grundstück wiederkehrende Leistungen zu verlangen (§ 1105 BGB). Anders als bei der Grundschuld und der Hypothek muss es sich nicht um eine Geldzahlung handeln, sondern kann auch eine Dienst- oder Sachleistung sein. Im Gegensatz zu den Grunddienstbarkeiten verschafft die Reallast dem Berechtigten nicht eine unmittelbare Nutzungsbefugnis des Grundstücks. Auf welche Weise der Eigentümer des belasteten Grundstücks (der Verpflichtete) die erforderlichen Leistungen erwirtschaftet, bleibt ihm überlassen. Der Berechtigte kann seine Ansprüche am Grundstück durch eine Zwangsvollstreckung durchsetzen. Je nach Vereinbarung kann die Reallast übertragbar und vererblich oder unübertragbar und unvererblich sein. Möchte ein Grundstückseigentümer schon zu Lebzeiten sein Grundstück an jemanden übergeben, kann er sich durch Reallasten in Form von Versorgungsrenten, Sach- bzw. Pflegeleistungen absichern.

Nießbrauch ist das Recht, die gesamten Nutzungen (Erträge) einer Sache bzw. eines Grundstückes zu ziehen (§ 1030 ff. BGB): „Eine Sache kann in der Weise belastet werden, dass derjenige, zu dessen Gunsten die Belastung erfolgt, berechtigt ist, die Nutzungen der Sache zu ziehen (Nießbrauch).“ Eine häufige Form des Nießbrauchs ist das lebenslange Recht, eine Immobilie zu bewohnen und alle Nutzungen aus dem Grundstück zu ziehen. Hiervon zu unterscheiden ist das Wohnrecht, das lediglich das Bewohnen eines Gebäudes gestattet, nicht jedoch die Fruchtziehung (z. B. Vermietung).

Das Vorkaufsrecht in allen seinen Ausprägungen und den damit verbundenen rechtlichen Bestimmungen wird hier nicht näher erläutert. Interessenten sollten sich ggf. anwaltlich beraten zu lassen. Hier soll nur aufgelistet werden, welche unterschiedlichen Rechtstypen es beim Vorkaufsrecht gibt:

- vertraglich vereinbartes Vorkaufsrecht
- gesetzliches Vorkaufsrecht
- öffentliches Vorkaufsrecht
- Vorkaufsrecht beim Erbbaurecht
- Vorkaufsrecht nach dem Landbeschaffungsgesetz
- Vorkaufsrecht nach dem Reichssiedlungsgesetz
- Vorkaufsrecht nach dem schleswig-holsteinischen Landschaftspflegegesetz
- Vorkaufsrecht bei der Zwangsversteigerung
- Vorkaufsrecht bei Miterben
- Vorkaufsrecht in den neuen Bundesländern
- Vorkaufsrecht der Mieter bei Begründung von Wohnungseigentum
- Vorkaufsrecht nach dem Thüringer Denkmalschutzgesetz

Gesetzliche Vorkaufsrechte sind in der Regel nicht im Grundbuch eingetragen. Die Auflassungsvormerkung sichert den Anspruch des Grundstückskäufers auf Eigentumsübertragung bis zu seiner endgültigen Eintragung als neuer Eigentümer. Alle Belastungen oder Verfügungen, die zeitlich nach der Auflassungsvormerkung eingetragen werden, müssen mit Zustimmung des Grundstückskäufers geschehen. Ohne diese Zustimmung sind sie unwirksam.

Das Erbbaurecht (auch Erbpacht) ist das Recht, auf einem fremden Grundstück zu bauen. Es ist zeitlich begrenzt, in der Regel auf 99 Jahre. Während der gesamten Nutzungsdauer ist ein Erbbauzins an den Eigentümer des Grundstücks zu zahlen. Die gesetzliche Grundlage für ein Erbbaurecht bildet das ErbbauRG.

Durch das Erbbaurecht kann ein Bauherr eine Immobilie bauen, ohne ein Grundstück erwerben zu müssen. Die Zahlung eines Erbbauzinses kann eine kostengünstige Alternative zum Darlehen für den Kauf eines Grundstückes sein.

Abb. 6: Zweite Abteilung des Grundbuchs, Seite 1

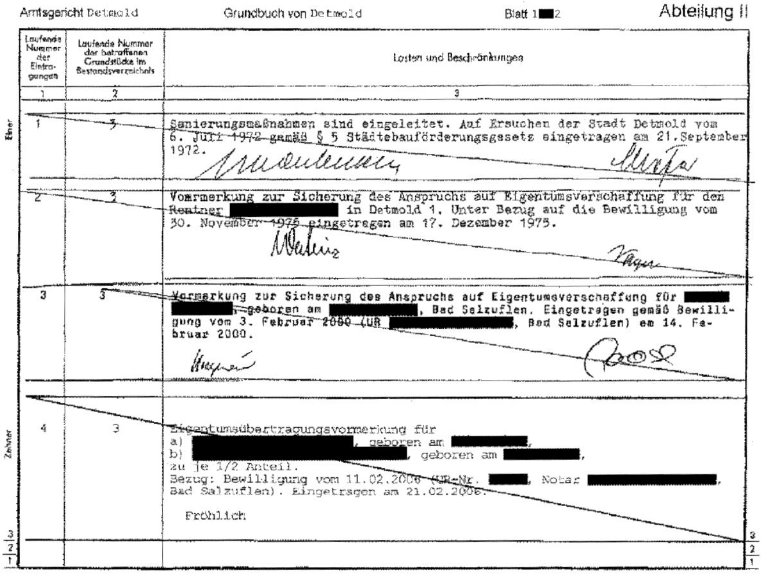

Amtsgericht Detmold Grundbuch von Detmold Blatt 1[redacted]2 Abteilung II

Laufende Nummer der Eintragungen	Laufende Nummer der betroffenen Grundstücke im Bestandsverzeichnis	Lasten und Beschränkungen
1	2	3
1	3	Sanierungsmaßnahmen sind eingeleitet. Auf Ersuchen der Stadt Detmold vom 6. Juli 1972 gemäß § 5 Städtebauförderungsgesetz eingetragen am 21. September 1972.
2	3	Vormerkung zur Sicherung des Anspruchs auf Eigentumsverschaffung für den Rentner [redacted] in Detmold 1. Unter Bezug auf die Bewilligung vom 30. November 1975 eingetragen am 17. Dezember 1975.
3	3	Vormerkung zur Sicherung des Anspruchs auf Eigentumsverschaffung für [redacted] geboren am [redacted], Bad Salzuflen. Eingetragen gemäß Bewilligung vom 3. Februar 2000 (UR [redacted], Bad Salzuflen) am 14. Februar 2000.
4	3	Eigentumsübertragungsvormerkung für a) [redacted], geboren am [redacted], b) [redacted], geboren am [redacted], zu je 1/2 Anteil. Bezug: Bewilligung vom 11.02.2006 (UR-Nr. [redacted], Notar [redacted], Bad Salzuflen). Eingetragen am 21.02.2006. Fröhlich

Abb. 7: Zweite Abteilung des Grundbuchs, Seite 2

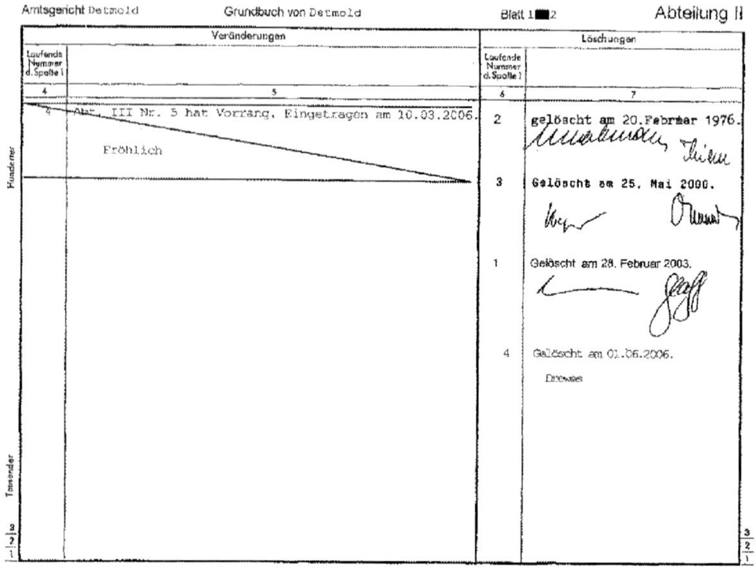
Amtsgericht Detmold Grundbuch von Detmold Blatt 1[redacted]2 Abteilung II

Veränderungen		Löschungen	
Laufende Nummer d. Spalte 1		Laufende Nummer d. Spalte 1	
4	5	6	7
4	Abt. III Nr. 5 hat Vorrang. Eingetragen am 10.03.2006. Fröhlich	2	gelöscht am 20.Februar 1976.
		3	Gelöscht am 25. Mai 2000.
		1	Gelöscht am 28. Februar 2003.
		4	Gelöscht am 01.06.2006. Drewes

Zu den in **Abteilung III** (siehe Abb. 8 und 9) genannten **Grundpfandrechten** zählen die:

- Hypothek
- Grundschuld
- Rentenschuld

Eine Hypothek ist das an einem Grundstück zur Sicherung einer Forderung bestellte Grundpfandrecht (§§ 1113–1190 BGB). Sie dient als Sicherungsinstrument für Kredite. Die Praxis bevorzugt jedoch die Grundschuld, weil diese nicht unmittelbar von der gesicherten Kreditforderung abhängig ist und damit eine größere Flexibilität aufweist.

Eine Grundschuld ist die Belastung eines Grundstücks aufgrund einer persönlichen Forderung in der Weise, dass an den Begünstigten (meist die Bank) eine bestimmte Geldsumme aus dem Grundstück zu zahlen ist (§§ 1191–1198 BGB). Langfristige Kredite werden durch die Eintragung einer Grundschuld im Grundbuch besichert.

Abb. 8: Dritte Abteilung des Grundbuchs, Seite 1

Amtsgericht Detmold | Grundbuch von Detmold | Blatt 1[redacted]2 | Abteilung III

Laufende Nummer der Eintragungen	Laufende Nummer der belasteten Grundstücke im Bestandsverzeichnis	Betrag	Hypotheken, Grundschulden, Rentenschulden
1	2	3	4
1-3	gelöscht		
4	3	[redacted].000,-- DM	[redacted] Deutsche Mark Grundschuld für die Sparkasse Detmold in Detmold nebst 18 vom Hundert Jahreszinsen, sofort vollstreckbar gemäß § 800 ZPO. Eingetragen gemäß Bewilligung vom 29. April 1986 am 22. Juli 1986.
5	3	[redacted].900 EUR	[redacted]neunhundert Euro Grundschuld -ohne Brief- mit 15 % Jahreszinsen und 10 % Nebenleistung einmalig für die DSL Bank -Ein Geschäftsbereich der Deutsche Postbank AG, - Zweigniederlassung der Deutsche Postbank AG -, Bonn. Vollstreckbar nach § 800 ZPO. Bezug: Bewilligung vom 27.02.2006 (UR-Nr. [redacted], Notar [redacted], Bad Salzuflen). Das Recht hat Rang vor Abt. II Nr. 4. Eingetragen am 10.03.2006. Fröhlich

Abb. 9: Dritte Abteilung des Grundbuchs, Seite 2

Amtsgericht Detmold | Grundbuch von Detmold | Blatt 1[redacted]2 | Abteilung III

Veränderungen			Löschungen		
Laufende Nummer der Spalte 1	Betrag		Laufende Nummer der Spalte 1	Betrag	
5	6	7	8	9	10
			4	[redacted].000,00 DM	Gelöscht am 25. Mai 2000.

Die Rentenschuld ist eine selten angewendete Sonderform der Grundschuld. Bei ihr ist kein Kapital, sondern zu regelmäßig wiederkehrenden Terminen ein bestimmter Geldbetrag als Rente aus dem Grundstück zu zahlen. Geregelt wird dies in den §§ 1199–1203 BGB. Auch die Rentenschuld ist, wie die Grundschuld, von einer persönlichen Forderung abhängig.

3.2.2 Das Baulastenverzeichnis

Baulasten entstehen durch Abgabe einer entsprechenden Erklärung des Grundstückseigentümers. Mögliche Baulasten können sein:

- Anbauflächenbaulasten
- Abstandflächenbaulasten zum Nachbarn (Grenzbebauung)
- Stellplatz- und Freiflächenbaulasten
- Zuwegungsbaulasten
- Leitungsbaulasten

Baulasten stellen Beschränkungen für das belastete Grundstück dar und können damit wertmindernd sein. Da sie regelmäßig in das Baulastenverzeichnis eingetragen werden, ist es wichtig, dieses einzusehen.

Das in der Landesbauordnung geregelte Baulastenverzeichnis beinhaltet die auf das entsprechende Grundstück eingetragenen Baulasten. Es wird in der zuständigen Bauverwaltung / dem zuständigen Bauamt verwaltet und kann dort auch eingesehen werden. Eine Ausnahme hiervon bilden die Bundesländer Bayern und Brandenburg, wo zur Sicherung solcher Rechte eine Grunddienstbarkeit zugunsten des herrschenden Grundstücks und eine beschränkt-persönliche Dienstbarkeit zugunsten der Bauaufsichtsbehörde eingetragen werden.

3.2.3 Der Flächennutzungsplan

Der Flächennutzungsplan (FNP) wird im Baugesetzbuch (BauGB) auch als vorbereitender Bauleitplan bezeichnet. Er wird von der Gemeinde eigenverantwortlich aufgestellt und ist Grundlage des Bebauungsplans. Im Flächennutzungsplan wird für die gesamten Flächen des Gemeindegebietes die langfristig geplante Nutzung (Wohnen, Gewerbe, Verkehr, Flächen für die Landwirtschaft und den Naturschutz etc.) für einen Zeitraum von zehn bis 15 Jahren dargestellt.

Abb. 10: Auszug aus Baulastverzeichnis

Baulastenverzeichnis der Stadt Bad Salzuflen

Baulastenblatt Nr.: [redacted]

Grundstück Bad Salzuflen, [redacted]

Gemarkung [redacted] **Flur** [redacted] **Flurstück** [redacted]

Lfd. Nr. **Inhalt der Eintragungen** **Bemerkungen**

Es werden folgende Verpflichtungen übernommen:

1. dauernd zu dulden, dass sich die nach § 6 BauO NRW erforderliche Abstandsfläche für das Bauvorhaben auf dem Grundstück Gemarkung [redacted] Flur [redacted] Flurstück [redacted] dem im beigefügten Lageplan grün schraffiert dargestellten Umfang auf das belastete Grundstück erstreckt.

   Es gilt die Verpflichtung, diese Fläche nicht zu überbauen und auf die für das Grundstück vorgeschriebene Abstandsfläche bzw. Abstände nicht anzurechnen.

2. Diese Baulasteintragung ist vorhabenbezogen und sichert nur das konkret zur Genehmigung gestellte Bauvorhaben ab, dessen sonst nicht genehmigungsfähige Errichtung Anlass für die Bestellung der Baulast ist.

Eingetragen

Bad Salzuflen, den 02.01.2013

STADT BAD SALZUFLEN

Quelle: Stadt Bad Salzuflen.

Abb. 11: Baulastlageplan

Baulastlageplan
Maßstab 1 : 500

Baugenehmigungsbehörde: Stadt Bad Salzuflen
Vorhaben: Eintragung einer Abstandsflächenbaulast
Gemeinde: Bad Salzuflen

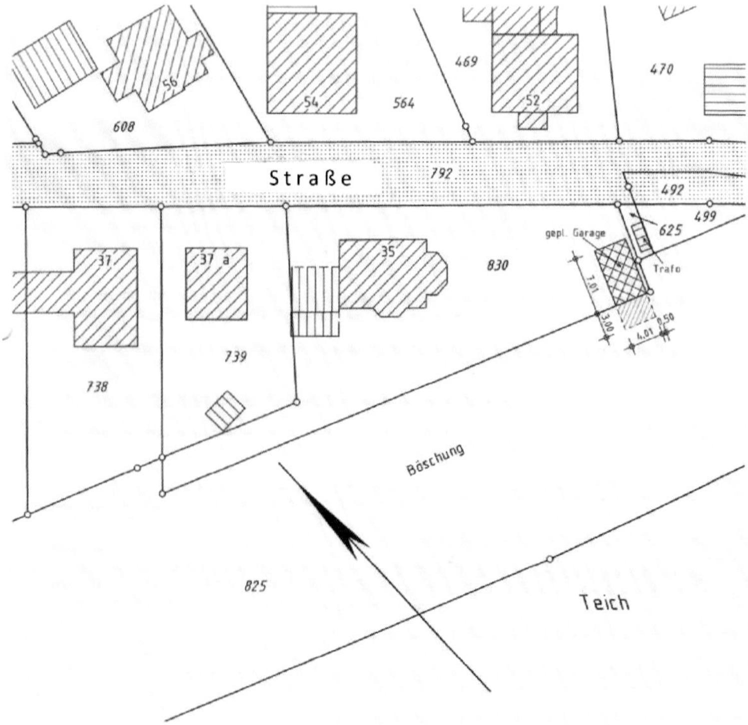

Quelle: Stadt Bad Salzuflen.

Abb. 12: Flächennutzungsplan Stadt Bad Salzuflen, Bereich Krumme Weide/Uferstraße

STADT BAD SALZUFLEN

Fachdienst Stadtplanung und Umwelt

1. Anpassung
des Flächennutzungsplanes
Bereich: "Krumme Weide/Uferstraße"

Maßstab 1 : 2500
Stand 29.10.2010

Gemarkung: Schötmar, Flur 24
Kartengrundlage: Deutschen Grundkarte 1:5000
vervielfältigt mit Genehmigung der Katasterbehörde des Kreises Lippe - vom 02.06.2010, 10-NZR-38

Quelle: Stadt Bad Salzuflen.

Abb. 13: Flächennutzungsplan Legende

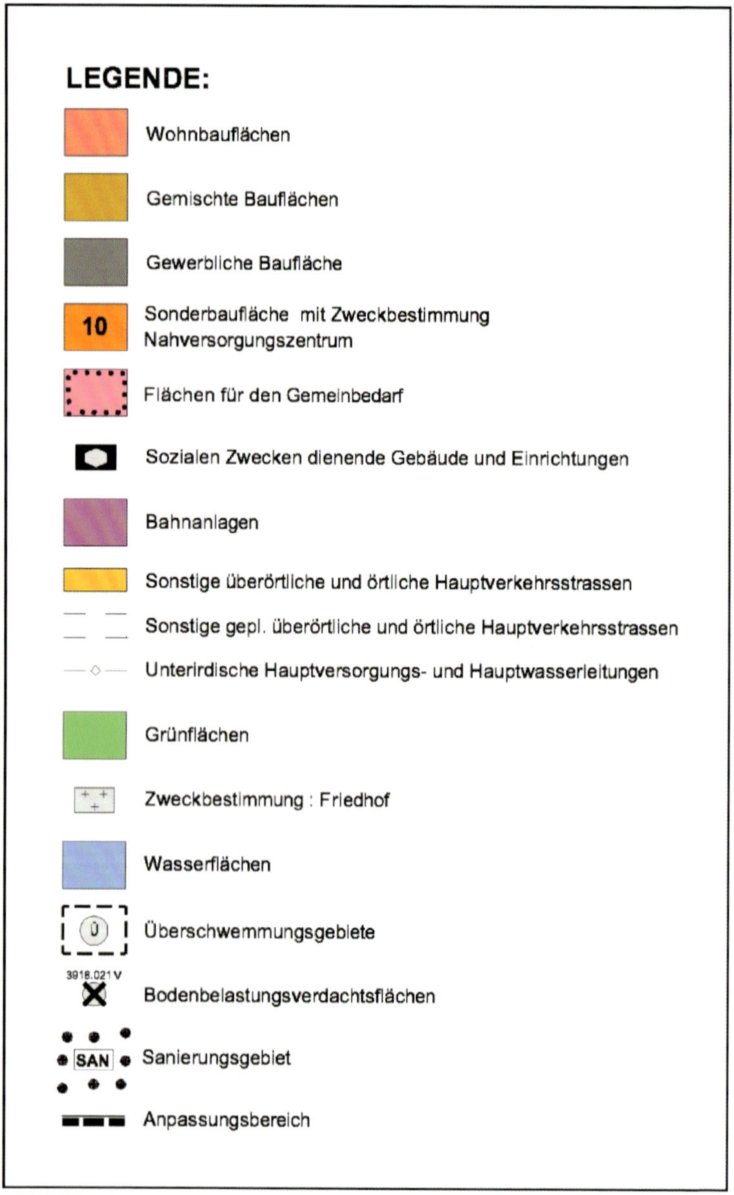

Quelle: Stadt Bad Salzuflen.

Abb. 14: Flächennutzungsplan Wirksame Fassung

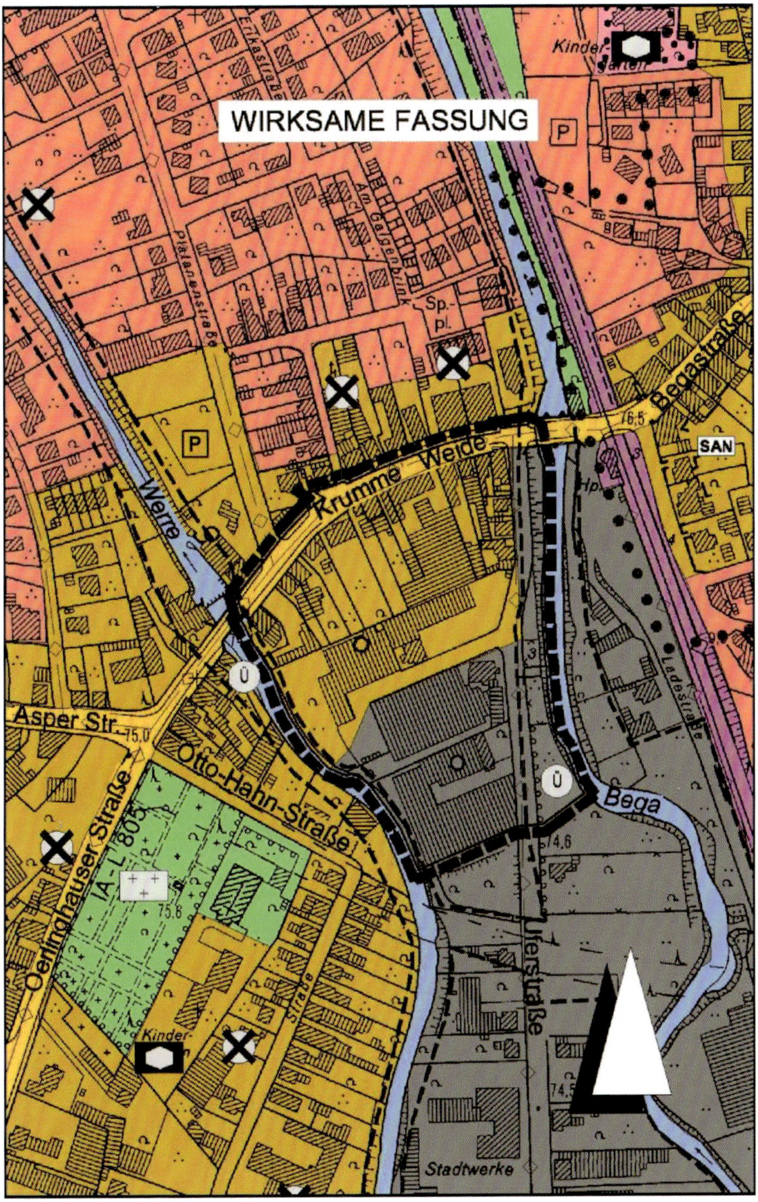

Quelle: Stadt Bad Salzuflen.

Abb. 15: Flächennutzungsplan 1. Anpassung

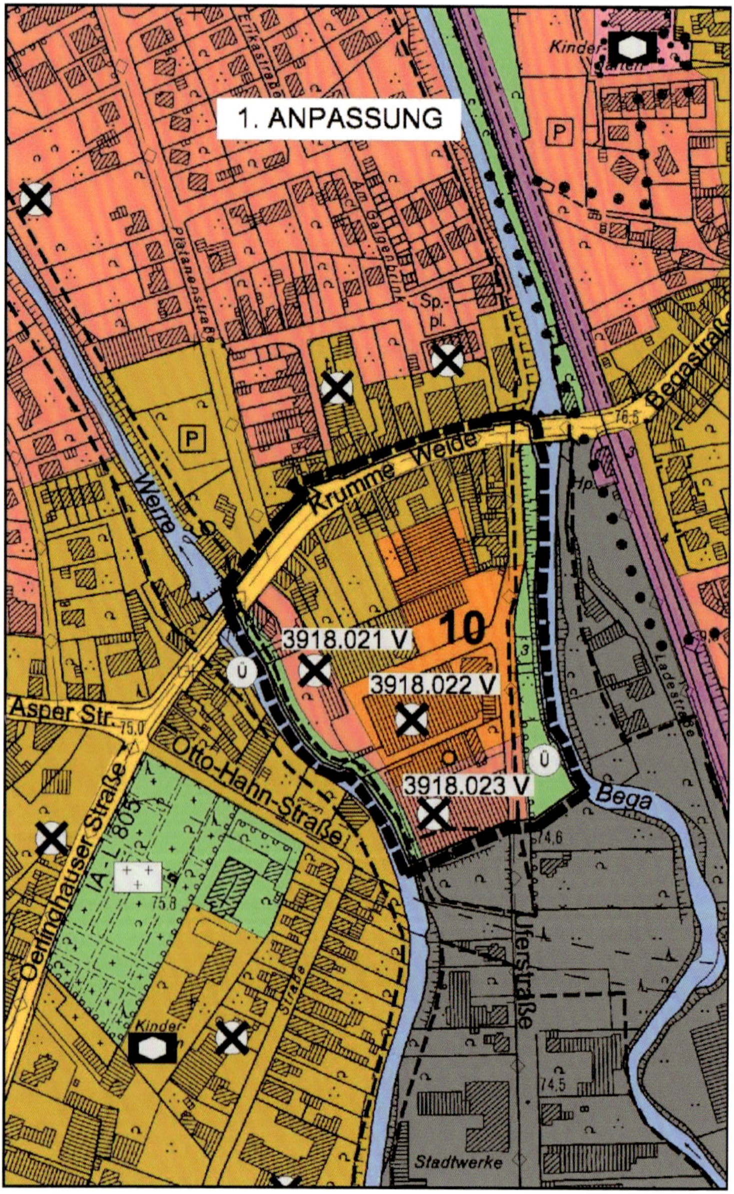

Quelle: Stadt Bad Salzuflen.

3.2.4 Der Bebauungsplan

Der von der Gemeinde aufgestellte Bebauungsplan konkretisiert die Vorgaben des Flächennutzungsplans. Häufig wird er aber nur für Teile des Gemeindegebietes erstellt, da die Gemeinde nicht dazu verpflichtet ist, das gesamte Gebiet auszuweisen.

Die Inhalte eines Bebauungsplans sind im Baugesetzbuch (§ 9 BauGB) bestimmt. Dazu zählen rechtsverbindliche Angaben über die Art und das Maß der baulichen Nutzung, Angaben zur Bauweise, der überbaubaren Grundstücksfläche und der Größe, Breite und Tiefe der Baugrundstücke. Interessierte können die folgenden Begriffe, Abkürzungen und Berechnungen in den §§ 2–12 sowie §§ 16–21 der Baunutzungsverordnung (BauNVO) nachschlagen.

Unter der Art der baulichen Nutzung wird verstanden, um welche Art des Baugebietes es sich handelt, beispielsweise:

- Kleinsiedlungsgebiet (WS)
- Reines Wohngebiet (WR)
- Allgemeines Wohngebiet (WA)
- Besonderes Wohngebiet (WB)
- Dorfgebiet (MD)
- Mischgebiet (MI)
- Kerngebiet (MK)
- Gewerbegebiet (GE)
- Industriegebiet (GI)
- Sondergebiet für Erholung / Sonstige Sondergebiete (SO)

Auch das Maß der baulichen Nutzung wird im Bebauungsplan bestimmt:

- Grundflächenzahl (GRZ)
- Größe der baulichen Anlage (GR)
- Geschoßflächenzahl (GFZ)
- Größe der Geschoßfläche (GF)
- Baumassenzahl (BMZ)
- Baumasse (BM)
- Zahl der Vollgeschosse (Z)
- Höhe der baulichen Anlage (H)

Abb. 16: Bebauungsplan Stadt Bad Salzuflen, OT Schötmar

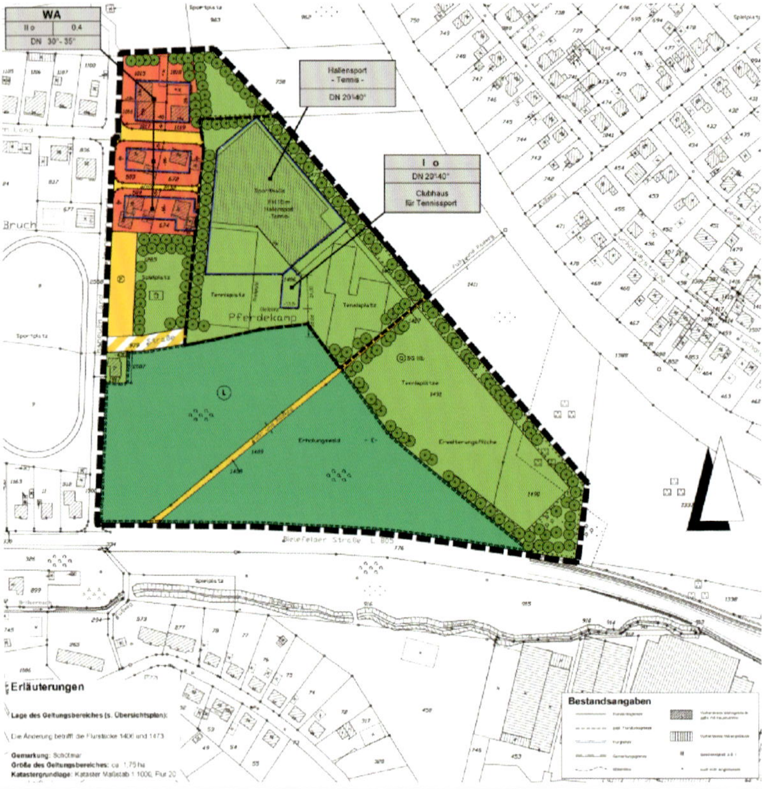

Quelle: Stadt Bad Salzuflen.

Abb. 17: Bebauungsplan Legende

Quelle: Stadt Bad Salzuflen.

Der Bebauungsplan kann beim Bauamt der zuständigen Gemeinde kostenlos eingesehen werden. Kostenpflichtig sind jedoch Kopien von Ausschnitten oder dem gesamten Bebauungsplan. Die Gebühren sind nicht einheitlich geregelt.

3.2.5 Die Bodenrichtwertkarte und der Grundstücksmarktbericht

Die Bodenrichtwertkarte (siehe Abb. 18) gibt Anhaltspunkte zu den Quadratmeterpreisen bebauter und unbebauter Grundstücke. Die Bodenrichtwerte legt ein Gutachterausschuss fest, der regelmäßig die beim Verkauf von bebauten und unbebauten Grundstücken tatsächlich gezahlten Quadratmeterpreise sammelt, statistisch auswertet und in die Bodenrichtwertkarte einträgt. Auch dieser Plan kann bei der Gemeinde eingesehen oder über die Internetportale der Gemeinde bzw. Geoportale abgerufen werden.

Abb. 18: Bodenrichtwertkarte

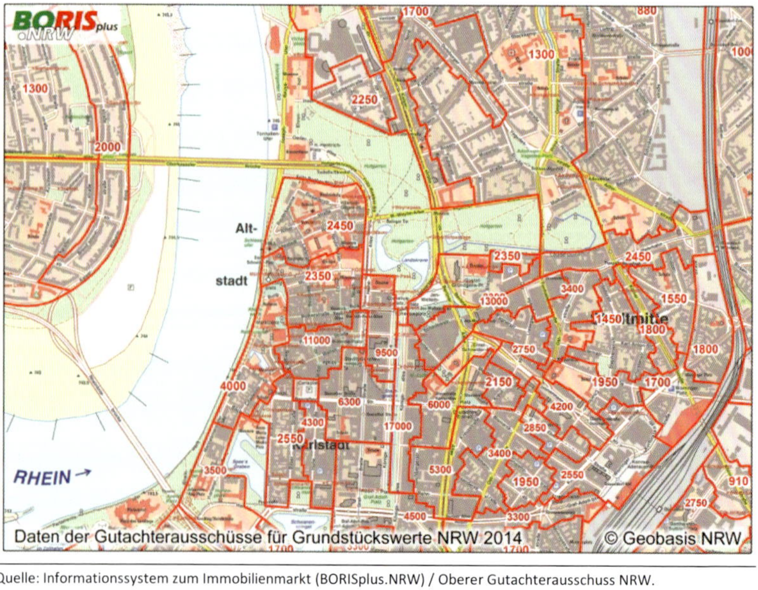

Quelle: Informationssystem zum Immobilienmarkt (BORISplus.NRW) / Oberer Gutachterausschuss NRW.

Selbst in ein und derselben Straße können die Grundstückspreise erheblich differieren. Dies hängt beispielsweise von der Bebaubarkeit des Grundstücks, der Aussicht des Grundstücks etc. ab. Es ist auf jeden Fall interessant, einen Blick auf die Grundstückspreise zu werfen, um einen ersten Überblick zu bekommen, welche Lage bezahlbar ist.

Die meisten Gutachterausschüsse geben auch einen jährlich erscheinenden Grundstücksmarktbericht zur Information der Öffentlichkeit heraus. In den Grundstücksmarktberichten sind unter anderem Vergleichspreise für Wohngebäude, Eigentumswohnungen und viele weitere Informationen zum Immobilienmarkt zu finden.

3.2.6 Altlasten

In staatlichen Ämtern für Wasser- und Abfallwirtschaft bzw. Umweltämtern werden Informationen über eventuell vorhandene Altlasten in Dateien und Karten dargestellt. Altlastenverdacht besteht eventuell bei der Vornutzung des Gebäudes oder Grundstücks als:

- Tankstelle
- Kfz-Werkstatt
- metallverarbeitender Betrieb etc.
- farben- und lackverarbeitender Betrieb
- Mülldeponie
- Militäranlage

3.2.7 Denkmalschutz

Der Denkmalschutz ist Ländersache und damit von Bundesland zu Bundesland unterschiedlich. Gerade beim Kauf sehr alter Immobilien oder von Immobilien in historischen Stadtkernen sollte sich der Interessent bei der zuständigen Denkmalschutzbehörde darüber informieren, ob Denkmalschutz besteht. Ist dies der Fall, gibt es Auflagen und Vorschriften, die bauliche Veränderungen einschränken und die Renovierung oder Instandsetzung des Objektes teurer und aufwendiger machen. Teilweise gibt es – vor der Maßnahme zu beantragende – Sanierungszuschüsse oder steuerliche Vergünstigungen. Letztlich bedeutet der Kauf einer denkmalgeschützten Immobilie aber, dass der Eigentümer nicht mehr selbstständig entscheiden kann.

Auflagen bzw. genehmigungspflichtige Maßnahmen können sein:

- Änderung des äußeren Erscheinungsbildes
- Abriss und Neubau
- neuer Putz und Neuanstrich
- Wärmedämmung
- Fenstererneuerung und Dacheindeckung
- Werbeanlagen etc.

Grundsätzlich sollten denkmalgeschützte Gebäude nur von Liebhabern gekauft werden, die Spaß, Zeit, handwerkliches Geschick, erforderliches Fachwissen bzw. ausreichend Geld haben, um sich dieser Aufgabe zu stellen. Zu bedenken ist auch, dass sich Baudenkmäler häufig schwieriger verkaufen lassen, weil es weniger potenzielle Käufer gibt.

3.2.8 Checkliste zur Beschaffung notwendiger Unterlagen

Tab. 9: Benötigte Unterlagen vor dem Kauf

Benötigte Unterlagen vor dem Kauf		
Was	**Wo**	**Gebühren**
Grundbuch	Amtsgericht (Grundbuchamt)	Kopien: ja Einsicht: nein Gebühren je nach Bundesland unterschiedlich
Baulastenverzeichnis	Bauamt Homepage der Stadt / Gemeinde	Kopien / Downloads: ja Gebühren je nach Gemeinde unterschiedlich
Pläne • Flächennutzungsplan • Bebauungsplan • Lageplan	Bauamt Homepage der Stadt / Gemeinde Geoportal im Internet	Kopien: ja Einsicht: nein Gebühren je nach Gemeinde unterschiedlich
Bodenrichtwertkarte und Grundstücksmarktberichte	Homepage der Stadt / Gemeinde oder Kreis Gutachterausschüsse	Kopien / Downloads: tlw. Einsicht: nein Gebühren je nach Gemeinde unterschiedlich
Altlastenkataster	Amt für Wasser- und Abfallwirtschaft / Umweltamt	Nein
Denkmalschutzauskunft	Denkmalschutzbehörde	Nein

3.3 Unterlagen zur Einschätzung der zukünftigen Nutzungskosten

Vor dem Erwerb einer Immobilie sollte geklärt werden, in welchem Rahmen sich die zukünftigen Nutzungskosten bewegen. Damit sind gemeint:

- Grundstücksabgaben (Abwasser, Regenwasser, Müll, Straßenreinigung, Grundsteuer)
- Stromkosten
- Wasserkosten
- Heizenergiekosten (Gas, Öl, Fernwärme etc.)
- Gebäudeversicherungen (Feuer, Sturm, Leitungswasser, Elementarschäden, Gebäudehaftpflicht, Öltank)

Diese Informationen kann der derzeitige Eigentümer bzw. Nutzer der Immobilie geben. Je nach Haushaltsgröße und individuellen Bedürfnissen können die eigenen Kosten davon erheblich abweichen.

Grundstücksabgaben

Der Bescheid über die Grundstücksabgaben enthält die Kosten für die Regen- und Schmutzwasserbeseitigung, die Grundsteuer und die Straßenreinigung sowie die Kosten für die Müllbeseitigung.

Der Grundsteuerbescheid kann jährlich (nach oben) angepasst werden. Für die Erhebung der Grundsteuer bildet das Grundsteuergesetz (GrStG) die gesetzliche Grundlage.

Energieausweis

Seit dem 01. Juli 2008 ist der Verkäufer einer Immobilie gesetzlich durch die Energieeinsparverordnung (EnEV 2009 § 16 Abs. 2) dazu verpflichtet, einen Energieausweis vorzulegen. Ausgenommen von dieser Pflicht sind nur kleine Gebäude unter 50 m² Nutzfläche und Baudenkmäler.

Unterschieden wird zwischen dem bedarfsorientierten und dem verbrauchsorientierten Energieausweis. Falls die Immobilie nach 1978 erbaut wurde, wird dem Verkäufer freigestellt, welche Art des Energieausweises er vorlegen möchte. Der bedarfsorientierte Energieausweis basiert auf einer detaillierten Analyse durch entsprechend qualifizierte

Experten, beispielsweise Architekten, Bauingenieure oder Gebäudeenergieberater. Im Unterschied zum Verbrauchsausweis gehen in die Berechnung des Bedarfsausweises Geometrie und wärmetechnische Eigenschaften der Gebäudehülle sowie Eigenschaften der Heizungsanlage ein. Auf dieser Grundlage werden Bedarfswerte für Endenergie und Primärenergie nach einem normierten Verfahren ermittelt. Die Kosten für einen Energieausweis sind abhängig von der Größe der zu beurteilenden Immobilie und belaufen sich bei Einfamilienhäusern auf ca. 200,- bis 500,- €. Der Energieausweis verliert nach zehn Jahren seine Gültigkeit und sollte spätestens dann bzw. bei Bedarf nach einer energetischen Sanierung erneuert werden.

Der Energieausweis umfasst mindestens vier Seiten, auf denen der energetische Zustand der Immobilie dokumentiert wird.

Seite 1 (siehe Abb. 19): allgemeine Angaben zum Gebäude, wie:

- Anschrift, Typ und Baujahr der Immobilie
- Angaben zur Gebäudenutzfläche
- Angaben zur Anlagentechnik
- Hinweise zur Verwendung des Ausweises
- Angaben zur energetischen Qualität der Immobilie
- evtl. ein Foto der Immobilie

Seite 2 (siehe Abb. 20), nur bei bedarfsorientiertem Energieausweis: Ergebnisse der Berechnungen.

Ist der Energieausweis nach dem Energiebedarf eines Gebäudes ausgestellt worden, sind auf der zweiten Seite der Endenergiebedarf und der Primärenergiebedarf anhand der Berechnungsergebnisse und einer Farbskala dargestellt. Es wird an dieser Stelle auch das verwendete Rechenverfahren benannt. Der Energiebedarf wird anhand von Gebäudegeometrie und verbauter Baustoffe und Baukonstruktionen ermittelt. Des Weiteren werden Vergleichswerte aufgezeigt, um das Ergebnis des eigenen Energiebedarfs besser einordnen zu können.

Seite 3 (siehe Abb. 21), nur bei verbrauchsbasiertem Energieausweis: Ergebnisse der Berechnungen.

Beim verbrauchsorientierten Ausweis wird lediglich der Energieverbrauch in der Vergangenheit, d. h. die Energiekostenabrechnungen der letzten drei Jahre, zugrunde gelegt. Er gibt wieder, wie stark der Energieverbrauch vom spezifischen Nutzerverhalten und den Witterungseinflüssen abhängig ist. Daher kann der hier angegebene Verbrauch mehr oder weniger stark von den Daten des bedarfsorientierten Ausweises abweichen.

Eine Farbskala von Grün bis Rot zeigt den Energieverbrauchskennwert in Kilowattstunden pro m^2 und Jahr ($kWh/m^2 \cdot a$). Eine weitere Farbskala gibt Auskunft über den durchschnittlichen Verbrauch vergleichbarer Immobilien, um eine Einordnung der eigenen Immobilie zu ermöglichen.

Seite 4 (siehe Abb. 22): kann als Ergänzung angefügt werden. Sie beinhaltet Empfehlungen zu:

- Modernisierungsmaßnahmen
- Maßnahmen, um Energiekosten zu reduzieren
- Maßnahmen, um den Wert eines Hauses zu steigern
- Maßnahmen, um die Umwelt zu schonen.

Häufig werden konkrete Maßnahmen empfohlen, wie beispielsweise die Dämmung der Außenwände bzw. des Daches, der Austausch des Heizkessels oder der Fenster.

Seite 5 (siehe Abb. 23): Erklärungen zu den Fachbegriffen.

Abb. 19: Energieausweis, Seite 1

ENERGIEAUSWEIS für Wohngebäude

gemäß den §§ 16 ff. der Energieeinsparverordnung (EnEV) vom [1]

Gültig bis:

Registriernummer [2]
(oder: „Registriernummer wurde beantragt am...")

1

Gebäude

Gebäudetyp			Gebäudefoto (freiwillig)
Adresse			
Gebäudeteil			
Baujahr Gebäude [3]			
Baujahr Wärmeerzeuger [3, 4]			
Anzahl Wohnungen			
Gebäudenutzfläche (A_N)		=* nach §19 EnEV aus der Wohnfläche ermittelt	
Wesentliche Energieträger für Heizung und Warmwasser [3]			
Erneuerbare Energien	Art:	Verwendung:	
Art der Lüftung/Kühlung	=*Fensterlüftung =*Schachtlüftung	=*Lüftungsanlage mit Wärmerückgewinnung =*Lüftungsanlage ohne Wärmerückgewinnung	=* Anlage zur Kühlung
Anlass der Ausstellung des Energieausweises	=*Neubau =*Vermietung/Verkauf	=*Modernisierung (Änderung/Erweiterung)	=*Sonstiges (freiwillig)

Hinweise zu den Angaben über die energetische Qualität des Gebäudes

Die energetische Qualität eines Gebäudes kann durch die Berechnung des **Energiebedarfs**unter Annahme von standardisierten Randbedingungen oder durch die Auswertung des**Energieverbrauchs**ermittelt werden. Als Be - zugsfläche dient die energetische Gebäudenutzfläche nach der EnEV, die sich in der Regel von den allgemeinen Wohnflächenangaben unterscheidet. Die angegebenen Vergleichswerte sollen überschlägige Vergleiche ermöglichen (**Erläuterungen – siehe Seite 5**). Teil des Energieausweises sind die Modernisierungsempfehlungen (Seite 4).

=* Der Energieausweis wurde auf der Grundlage von Berechnungen des **Energiebedarfs** erstellt (Energiebedarfsausweis). Die Ergebnisse sind auf **Seite 2** dargestellt. Zusätzliche Informationen zum Verbrauch sind freiwillig.

=* Der Energieausweis wurde auf der Grundlage von Auswertungen des **Energieverbrauchs** erstellt (Energieverbrauchsausweis). Die Ergebnisse sind auf**Seite 3**dargestellt.

Datenerhebung Bedarf/Verbrauch durch =*Eigentümer =*Aussteller

=* Dem Energieausweis sind zusätzliche Informationen zur energetischen Qualität beigefügt (freiwillige Angabe).

Hinweise zur Verwendung des Energieausweises

Der Energieausweis dient lediglich der Information. Die Angaben im Energieausweis beziehen sich auf das gesamte Wohngebäude oder den oben bezeichneten Gebäudeteil. Der Energieausweis ist lediglich dafür gedacht, einen überschlägigen Vergleich von Gebäuden zu ermöglichen.

Aussteller

Ausstellungsdatum Unterschrift des Ausstellers

[1] Datum der angewendeten EnEV, gegebenenfalls angewendeten Änderungsverordnung zur EnEV [2] Bei nicht rechtzeitiger Zuteilung der Registriernummer (§ 17 Absatz 4 Satz 4 und 5 EnEV) ist das Datum der Antragstellung einzutragen; die Registriernummer ist nach deren Eingang nachträglich einzusetzen. [3] Mehrfachangaben möglich [4] bei Wärmenetzen Baujahr der Übergabestation

Abb. 20: Energieausweis, Seite 2

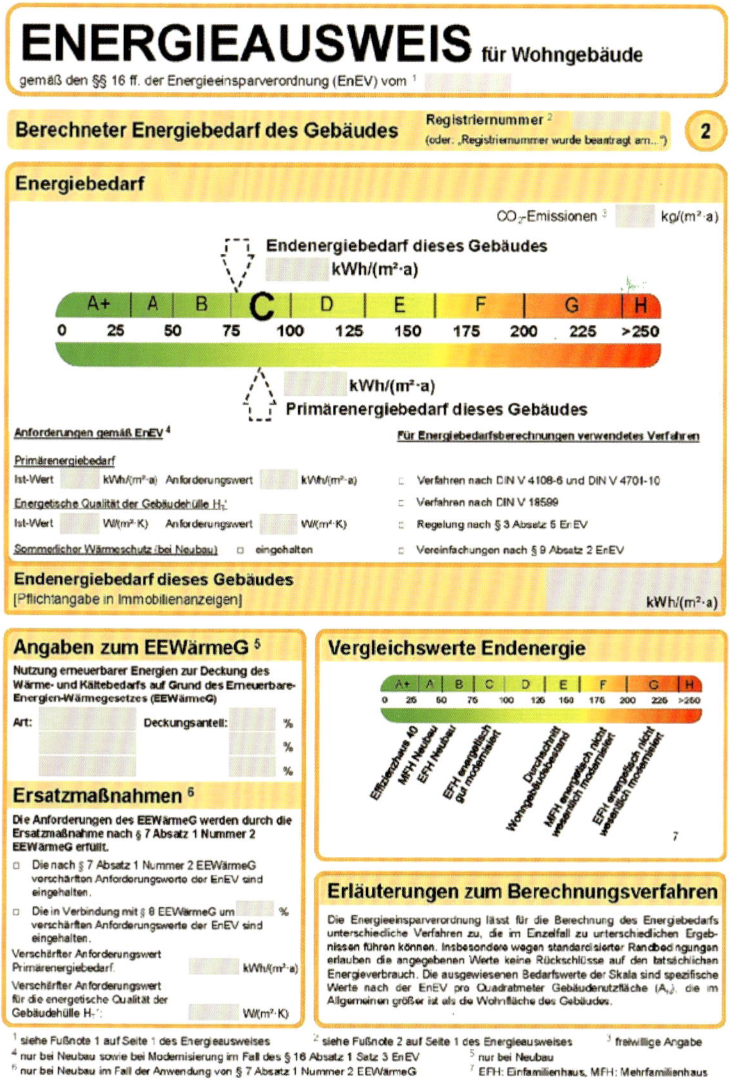

ENERGIEAUSWEIS für Wohngebäude

gemäß den §§ 16 ff. der Energieeinsparverordnung (EnEV) vom [1]

Berechneter Energiebedarf des Gebäudes

Registriernummer [2]
(oder: „Registriernummer wurde beantragt am...")

2

Energiebedarf

CO_2-Emissionen [3] kg/(m²·a)

Endenergiebedarf dieses Gebäudes
kWh/(m²·a)

A+ | A | B | C | D | E | F | G | H

0 | 25 | 50 | 75 | 100 | 125 | 150 | 175 | 200 | 225 | >250

kWh/(m²·a)
Primärenergiebedarf dieses Gebäudes

Anforderungen gemäß EnEV [4]

Primärenergiebedarf
Ist-Wert kWh/(m²·a) Anforderungswert kWh/(m²·a)

Energetische Qualität der Gebäudehülle H_T'
Ist-Wert W/(m²·K) Anforderungswert W/(m²·K)

Sommerlicher Wärmeschutz (bei Neubau) □ eingehalten

Für Energiebedarfsberechnungen verwendetes Verfahren

- □ Verfahren nach DIN V 4108-6 und DIN V 4701-10
- □ Verfahren nach DIN V 18599
- □ Regelung nach § 3 Absatz 5 EnEV
- □ Vereinfachungen nach § 9 Absatz 2 EnEV

Endenergiebedarf dieses Gebäudes

[Pflichtangabe in Immobilienanzeigen] kWh/(m²·a)

Angaben zum EEWärmeG [5]

Nutzung erneuerbarer Energien zur Deckung des Wärme- und Kältebedarfs auf Grund des Erneuerbare-Energien-Wärmegesetzes (EEWärmeG)

Art: Deckungsanteil: %
%
%

Ersatzmaßnahmen [6]

Die Anforderungen des EEWärmeG werden durch die Ersatzmaßnahme nach § 7 Absatz 1 Nummer 2 EEWärmeG erfüllt.

- □ Die nach § 7 Absatz 1 Nummer 2 EEWärmeG verschärften Anforderungswerte der EnEV sind eingehalten.
- □ Die in Verbindung mit § 8 EEWärmeG um % verschärften Anforderungswerte der EnEV sind eingehalten.

Verschärfter Anforderungswert Primärenergiebedarf: kWh/(m²·a)

Verschärfter Anforderungswert für die energetische Qualität der Gebäudehülle H_T': W/(m²·K)

Vergleichswerte Endenergie

A+ | A | B | C | D | E | F | G | H

0 | 25 | 50 | 75 | 100 | 125 | 150 | 175 | 200 | 225 | >250

Effizienzhaus 40
MFH Neubau
EFH Neubau
EFH energetisch gut modernisiert
Durchschnitt Wohngebäudebestand
MFH energetisch nicht wesentlich modernisiert
EFH energetisch nicht wesentlich modernisiert
7

Erläuterungen zum Berechnungsverfahren

Die Energieeinsparverordnung lässt für die Berechnung des Energiebedarfs unterschiedliche Verfahren zu, die im Einzelfall zu unterschiedlichen Ergebnissen führen können. Insbesondere wegen standardisierter Randbedingungen erlauben die angegebenen Werte keine Rückschlüsse auf den tatsächlichen Energieverbrauch. Die ausgewiesenen Bedarfswerte der Skala sind spezifische Werte nach der EnEV pro Quadratmeter Gebäudenutzfläche (A_N), die im Allgemeinen größer ist als die Wohnfläche des Gebäudes.

[1] siehe Fußnote 1 auf Seite 1 des Energieausweises
[2] siehe Fußnote 2 auf Seite 1 des Energieausweises
[3] freiwillige Angabe
[4] nur bei Neubau sowie bei Modernisierung im Fall des § 16 Absatz 1 Satz 3 EnEV
[5] nur bei Neubau
[6] nur bei Neubau im Fall der Anwendung von § 7 Absatz 1 Nummer 2 EEWärmeG
[7] EFH: Einfamilienhaus, MFH: Mehrfamilienhaus

Abb. 21: Energieausweis, Seite 3

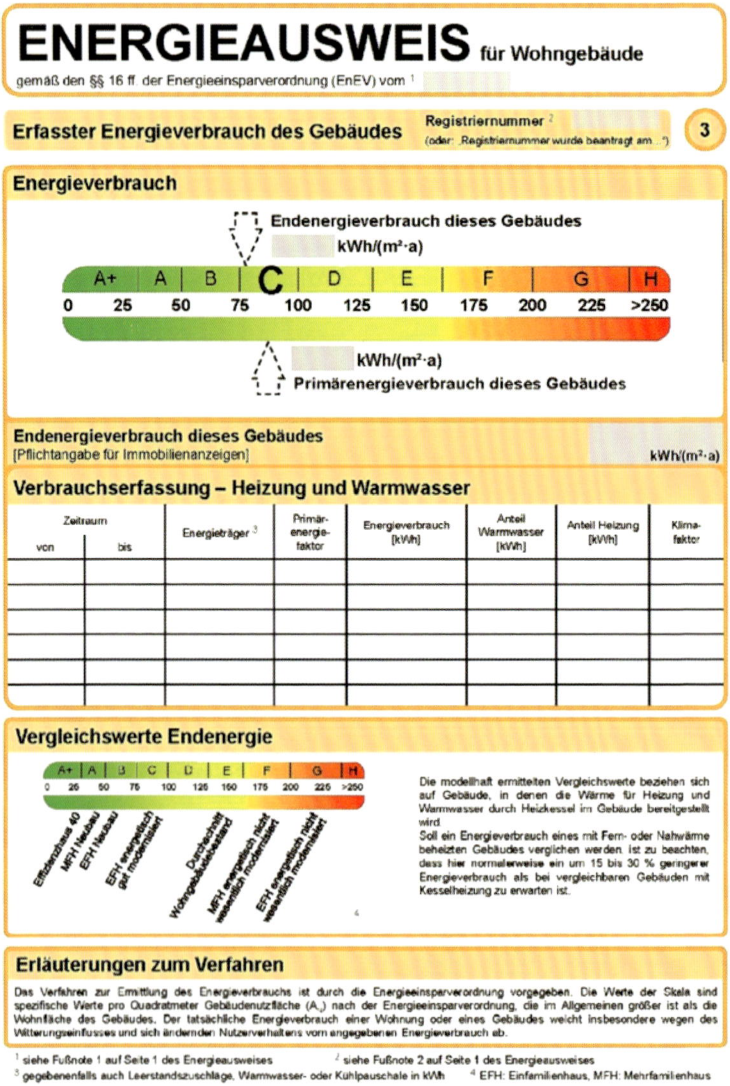

ENERGIEAUSWEIS für Wohngebäude

gemäß den §§ 16 ff. der Energieeinsparverordnung (EnEV) vom [1]

Erfasster Energieverbrauch des Gebäudes

Registriernummer [2]
(oder: „Registriernummer wurde beantragt am ...")

3

Energieverbrauch

Endenergieverbrauch dieses Gebäudes
kWh/(m²·a)

A+ | A | B | C | D | E | F | G | H

0 25 50 75 100 125 150 175 200 225 >250

kWh/(m²·a)
Primärenergieverbrauch dieses Gebäudes

Endenergieverbrauch dieses Gebäudes
[Pflichtangabe für Immobilienanzeigen] kWh/(m²·a)

Verbrauchserfassung – Heizung und Warmwasser

Zeitraum von	Zeitraum bis	Energieträger [3]	Primär-energie-faktor	Energieverbrauch [kWh]	Anteil Warmwasser [kWh]	Anteil Heizung [kWh]	Klima-faktor

Vergleichswerte Endenergie

A+ | A | B | C | D | E | F | G | H

0 25 50 75 100 125 150 175 200 225 >250

Effizienzhaus 40
MFH Neubau
EFH Neubau
EFH energetisch gut modernisiert
Durchschnitt Wohngebäudebestand
MFH energetisch nicht wesentlich modernisiert
EFH energetisch nicht wesentlich modernisiert
[4]

Die modellhaft ermittelten Vergleichswerte beziehen sich auf Gebäude, in denen die Wärme für Heizung und Warmwasser durch Heizkessel im Gebäude bereitgestellt wird.
Soll ein Energieverbrauch eines mit Fern- oder Nahwärme beheizten Gebäudes verglichen werden, ist zu beachten, dass hier normalerweise ein um 15 bis 30 % geringerer Energieverbrauch als bei vergleichbaren Gebäuden mit Kesselheizung zu erwarten ist.

Erläuterungen zum Verfahren

Das Verfahren zur Ermittlung des Energieverbrauchs ist durch die Energieeinsparverordnung vorgegeben. Die Werte der Skala sind spezifische Werte pro Quadratmeter Gebäudenutzfläche (A_N) nach der Energieeinsparverordnung, die im Allgemeinen größer ist als die Wohnfläche des Gebäudes. Der tatsächliche Energieverbrauch einer Wohnung oder eines Gebäudes weicht insbesondere wegen des Witterungseinflusses und sich ändernden Nutzerverhaltens vom angegebenen Energieverbrauch ab.

[1] siehe Fußnote 1 auf Seite 1 des Energieausweises
[2] siehe Fußnote 2 auf Seite 1 des Energieausweises
[3] gegebenenfalls auch Leerstandszuschläge, Warmwasser- oder Kühlpauschale in kWh
[4] EFH: Einfamilienhaus, MFH: Mehrfamilienhaus

Abb. 22: Energieausweis, Seite 4

ENERGIEAUSWEIS für Wohngebäude

gemäß den §§ 16 ff. der Energieeinsparverordnung (EnEV) vom [1]

Empfehlungen des Ausstellers

Registriernummer [2]
(oder: „Registriernummer wurde beantragt am...")

4

Empfehlungen zur kostengünstigen Modernisierung

Maßnahmen zur kostengünstigen Verbesserung der Energieeffizienz sind ☐ möglich ☐ nicht möglich

Empfohlene Modernisierungsmaßnahmen

Nr.	Bau- oder Anlagenteile	Maßnahmenbeschreibung in einzelnen Schritten	empfohlen: in Zusammenhang mit größerer Modernisierung	empfohlen: als Einzel-maß-nahme	(freiwillige Angaben): geschätzte Amortisa-tionszeit	(freiwillige Angaben): geschätzte Kosten pro eingesparte Kilowatt-stunde Endenergie
			☐	☐		
			☐	☐		
			☐	☐		
			☐	☐		
			☐	☐		
			☐	☐		
			☐	☐		
			☐	☐		
			☐	☐		
			☐	☐		

☐ weitere Empfehlungen auf gesondertem Blatt

Hinweis: Modernisierungsempfehlungen für das Gebäude dienen lediglich der Information. Sie sind nur kurz gefasste Hinweise und kein Ersatz für eine Energieberatung.

Genauere Angaben zu den Empfehlungen sind erhältlich bei/unter:

Ergänzende Erläuterungen zu den Angaben im Energieausweis (Angaben freiwillig)

[1] siehe Fußnote 1 auf Seite 1 des Energieausweises

[2] siehe Fußnote 2 auf Seite 1 des Energieausweises

Abb. 23: Energieausweis, Seite 5

ENERGIEAUSWEIS für Wohngebäude

gemäß den §§ 16 ff. der Energieeinsparverordnung (EnEV) vom [1]

Erläuterungen 5

Angabe Gebäudeteil – Seite 1

Bei Wohngebäuden, die zu einem nicht unerheblichen Anteil zu anderen als Wohnzwecken genutzt werden, ist die Ausstellung des Energieausweises gemäß dem Muster nach Anlage 6 auf den Gebäudeteil zu beschränken, der getrennt als Wohngebäude zu behandeln ist (siehe im Einzelnen =A22 EnEV). Dies wird im Energieausweis durch die Angabe „Gebäudeteil" deutlich gemacht.

Erneuerbare Energien – Seite 1

Hier wird darüber informiert, wofür und in welcher Art erneuerbare Energien genutzt werden. Bei Neubauten enthält Seite 2 (Angaben zum EEWärmeG) dazu weitere Angaben.

Energiebedarf – Seite 2

Der Energiebedarf wird hier durch den Jahres-Primärenergiebedarf und den Endenergiebedarf dargestellt. Diese Angaben werden rechnerisch ermittelt. Die angegebenen Werte werden auf der Grundlage der Bauunterlagen bzw. gebäudebezogener Daten und unter Annahme von standardisierten Randbedingungen (z. B. standardisierte Klimadaten, definiertes Nutzerverhalten, standardisierte Innentemperatur und innere Wärmegewinne usw.) berechnet. So lässt sich die energetische Qualität des Gebäudes unabhängig vom Nutzerverhalten und von der Wetterlage beurteilen. Insbesondere wegen der standardisierten Randbedingungen erlauben die angegebenen Werte keine Rückschlüsse auf den tatsächlichen Energieverbrauch.

Primärenergiebedarf – Seite 2

Der Primärenergiebedarf bildet die Energieeffizienz des Gebäudes ab. Er berücksichtigt neben der Endenergie auch die so genannte „Vorkette" (Erkundung, Gewinnung, Verteilung, Umwandlung) der jeweils eingesetzten Energieträger (z. B. Heizöl, Gas, Strom, erneuerbare Energien etc.). Ein kleiner Wert signalisiert einen geringen Bedarf und damit eine hohe Energieeffizienz sowie eine die Ressourcen und die Umwelt schonende Energienutzung. Zusätzlich können die mit dem Energiebedarf verbundenen CO_2-Emissionen des Gebäudes freiwillig angegeben werden.

Energetische Qualität der Gebäudehülle – Seite 2

Angegeben ist der spezifische, auf die wärmeübertragende Umfassungsfläche bezogene Transmissionswärmeverlust (Formelzeichen in der EnEV: H_T'). Er beschreibt die durchschnittliche energetische Qualität aller wärmeübertragenden Umfassungsflächen (Außenwände, Decken, Fenster etc.) eines Gebäudes. Ein kleiner Wert signalisiert einen guten baulichen Wärmeschutz. Außerdem stellt die EnEV Anforderungen an den sommerlichen Wärmeschutz (Schutz vor Überhitzung) eines Gebäudes.

Endenergiebedarf – Seite 2

Der Endenergiebedarf gibt die nach technischen Regeln berechnete, jährlich benötigte Energiemenge für Heizung, Lüftung und Warmwasserbereitung an. Er wird unter Standardklima- und Standardnutzungsbedingungen errechnet und ist ein Indikator für die Energieeffizienz eines Gebäudes und seiner Anlagentechnik. Der Endenergiebedarf ist die Energiemenge, die dem Gebäude unter der Annahme von standardisierten Bedingungen und unter Berücksichtigung der Energieverluste zugeführt werden muss, damit die standardisierte Innentemperatur, der Warmwasserbedarf und die notwendige Lüftung sichergestellt werden können. Ein kleiner Wert signalisiert einen geringen Bedarf und damit eine hohe Energieeffizienz.

Angaben zum EEWärmeG – Seite 2

Nach dem EEWärmeG müssen Neubauten in bestimmtem Umfang erneuerbare Energien zur Deckung des Wärme- und Kältebedarfs nutzen. In dem Feld „Angaben zum EEWärmeG" sind die Art der eingesetzten erneuerbaren Energien und der prozentuale Anteil der Pflichterfüllung abzulesen. Das Feld „Ersatzmaßnahmen" wird ausgefüllt, wenn die Anforderungen des EEWärmeG teilweise oder vollständig durch Maßnahmen zur Einsparung von Energie erfüllt werden. Die Angaben dienen gegenüber der zuständigen Behörde als Nachweis des Umfangs der Pflichterfüllung durch die Ersatzmaßnahme und der Einhaltung der für das Gebäude geltenden verschärften Anforderungswerte der EnEV.

Endenergieverbrauch – Seite 3

Der Endenergieverbrauch wird für das Gebäude auf der Basis der Abrechnungen von Heiz- und Warmwasserkosten nach der Heizkostenverordnung oder auf Grund anderer geeigneter Verbrauchsdaten ermittelt. Dabei werden die Energieverbrauchsdaten des gesamten Gebäudes und nicht der einzelnen Wohneinheiten zugrunde gelegt. Der erfasste Energieverbrauch für die Heizung wird anhand der konkreten örtlichen Wetterdaten und mithilfe von Klimafaktoren auf einen deutschlandweiten Mittelwert umgerechnet. So führt beispielsweise ein hoher Verbrauch in einem einzelnen harten Winter nicht zu einer schlechteren Beurteilung des Gebäudes. Der Endenergieverbrauch gibt Hinweise auf die energetische Qualität des Gebäudes und seiner Heizungsanlage. Ein kleiner Wert signalisiert einen geringen Verbrauch. Ein Rückschluss auf den künftig zu erwartenden Verbrauch ist jedoch nicht möglich; insbesondere können die Verbrauchsdaten einzelner Wohneinheiten stark differieren, weil sie von der Lage der Wohneinheiten im Gebäude, von der jeweiligen Nutzung und dem individuellen Verhalten der Bewohner abhängen.

Im Fall längerer Leerstände wird hierfür ein pauschaler Zuschlag rechnerisch bestimmt und in die Verbrauchserfassung einbezogen. Im Interesse der Vergleichbarkeit wird bei dezentralen, in der Regel elektrisch betriebenen Warmwasseranlagen der typische Verbrauch über eine Pauschale berücksichtigt: Gleiches gilt für den Verbrauch von eventuell vorhandenen Anlagen zur Raumkühlung. Ob und inwieweit die genannten Pauschalen in die Erfassung eingegangen sind, ist der Tabelle „Verbrauchserfassung" zu entnehmen.

Primärenergieverbrauch – Seite 3

Der Primärenergieverbrauch geht aus dem für das Gebäude ermittelten Endenergieverbrauch hervor. Wie der Primärenergiebedarf wird er mithilfe von Umrechnungsfaktoren ermittelt, die die Vorkette der jeweils eingesetzten Energieträger berücksichtigen.

Pflichtangaben für Immobilienanzeigen – Seite 2 und 3

Nach der EnEV besteht die Pflicht, in Immobilienanzeigen die in =A 16a Absatz 1 genannten Angaben zu machen. Die dafür erforderlichen Angaben sind dem Energieausweis zu entnehmen, je nach Ausweisart der Seite 2 oder 3.

Vergleichswerte – Seite 2 und 3

Die Vergleichswerte auf Endenergieebene sind modellhaft ermittelte Werte und sollen lediglich Anhaltspunkte für grobe Vergleiche der Werte dieses Gebäudes mit den Vergleichswerten anderer Gebäude sein. Es sind Bereiche angegeben, innerhalb derer ungefähr die Werte für die einzelnen Vergleichskategorien liegen.

[1] siehe Fußnote 1 auf Seite 1 des Energieausweises

Versicherungen

Zu den Gebäudeversicherungen gehören Policen gegen Schäden durch Feuer, Leitungswasser und Sturm. Außerdem gibt es Haftpflicht-, Elementarschäden- und Rechtsschutzversicherungen. Welche Risiken genau ein- bzw. ausgeschlossen sind, hängt häufig vom Versicherer und vom Tarif ab. In jedem Fall lohnt sich ein Vergleich zwischen verschiedenen Versicherern.

Tab. 10: Checkliste: zukünftige Nutzungskosten

Zukünftige Nutzungskosten		
Was	**Wo**	**Hinweise**
Grundsteuerbescheid	• Stadt- oder Gemeindeverwaltung • Homepage der Stadt / Gemeinde • derzeitige Eigentümer / Nutzer	
Stromverbrauch	• derzeitige Eigentümer / Nutzer	
Heizenergieverbrauch	• derzeitige Eigentümer / Nutzer	
Gebäudeversicherung	• derzeitige Eigentümer / Nutzer • verschiedene Versicherungsanstalten	

4 Beurteilung der Bausubstanz

Unabhängig vom Immobilientyp muss die Bausubstanz beurteilt werden. Allerdings werden viele Baumängel ohne geschulten Blick übersehen.

Grundsätzlich sollte eine Immobilienbesichtigung mithilfe der eigenen „geschärften" Sinne erfolgen. Der Interessent sollte darauf achten, ob es muffig riecht oder Räume verschlossen und deshalb nicht begehbar sind. Vorsicht ist auch geboten, wenn Räume frisch renoviert sind. Unter Umständen werden unter dem neuen Wandanstrich Schimmelflecken versteckt. Wenn alle Fenster vor dem Besichtigungstermin weit geöffnet wurden, kann das bedeuten, dass Gerüche, die durch Feuchtigkeit oder Schimmel entstehen, „weggelüftet" werden sollen.

Um die Bausubstanz systematisch zu beurteilen, wird hier unterschieden in:

- Fassade einschließlich Fenster
- Dach einschließlich Entwässerung
- Heizung, Kamin und Schornstein
- Elektrik
- Modernisierungsrhythmen

Den besonderen Baumängeln „Schimmelbildung" und „Risse" wird Kapitel 5 gewidmet. Darin werden auch die verschiedenen Bauexperten vorgestellt, die ggf. hinzugezogen werden können.

4.1 Die Fassade einschließlich Fenster

Hier geht es um das optische Erscheinungsbild der Immobilie und den ersten oberflächlichen Eindruck:Ist er positiv oder eher negativ? Hält ein positiver Eindruck einer näheren Betrachtung stand?

Häufig handelt es sich um eine der folgenden Fassadenarten:

- Klinkerfassade
  Bei einer verklinkerten Fassade sollte auf die Ebenheit der Oberfläche sowie auf Ausblühungen und brüchige Ziegel geachtet werden. Die Fugen sollten eine einheitliche Farbe aufweisen und nicht absanden – es sollten sich also beim Anfassen der Fugen keine Sandpartikel lösen.

- Putzfassade
  Im Putz sollte auf Fehlstellen und Ausbesserungen, Wasserlaufspuren sowie sichtbare Durchfeuchtungen geachtet werden. Bröckelt der Putz oder gibt es Hohlstellen?
- Wärmedämmverbundsystem (WVDS)
  Beim Wärmedämmverbundsystem gelten die gleichen Hinweise wie bei der Putzfassade.
- Holzfassade
  Hier ist auf die Imprägnierung bzw. den Anstrich und insbesondere Holzwurmlöcher zu achten. Ein Problem sind sichtbare Fugen oder Spalten im Holz, in die Feuchtigkeit oder Schädlinge eindringen können. Ist das Holz aufgeweicht, sind Wasserspuren erkennbar, ist Pilzbefall zu sehen?
- Schieferplatten
  Bei einer vorgehängten Fassade aus Schieferplatten sollte auf fehlende, gerissene und lose Platten geachtet werden. Kunstschieferplatten können Asbest enthalten, wenn sie bis Ende der 1970er-Jahre eingebaut wurden.
- Fachwerk
  Bei einer Fachwerkfassade sollte darauf geachtet werden, dass das Holzständerwerk keine Schädlinge enthält und nicht morsch ist. Fugen zwischen dem Fachwerk und den Ausfachungen sollte es ebensowenig geben wie Risse und Fehlstellen in Letzteren. Da Fachwerkhäuser nur von innen gedämmt werden können, um das äußere Erscheinungsbild nicht zu verändern, können Lüftungs- und Feuchtigkeitsprobleme auftreten.
- Bruchsteinmauerwerk
  Bei Fassaden aus Bruchsteinmauerwerk ist auf intakte Fugen und die Verwitterung der Steine zu achten. Eine nachträgliche Dämmung ist ähnlich problematisch wie bei Fachwerk, da eine von außen vorgenommene Dämmung das Erscheinungsbild erheblich verändert und eine von innen angebrachte bauphysikalisch schlechter und teurer ist.

Für Fenster und Türen gibt es verschiedene Materialen und verschiedene Verglasungsarten. Dabei sollte die Gangbarkeit der Fensterflügel und Türen, der Zustand der Dichtungen sowie die Beschaffenheit der Oberflächen geprüft werden. Holzfenster sind pflegeintensiv, da sie ca. alle zwei bis fünf Jahre einen neuen Anstrich benötigen. Es sollte darauf geachtet werden, ob Verwitterungen, von Schädlingen befallene Stellen, offene Fugen bzw. Spalten oder Anstrichabblätterungen vorhanden sind.

Es gibt ein-, zwei- und dreifach verglaste Fenster. Vereinfacht lässt sich sagen: Je höher die Anzahl der Scheiben, desto weniger Heizenergie ist nötig und desto höher ist der Wohnkomfort durch warme Oberflächen. Ein einfach verglastes Fenster aus den frühen 1980-Jahren hat einen hohen Wärmedurchgangskoeffizienten (U_w-Wert; ein Maß für den Wärmedurchgang durch ein Fenster oder ein Bauteil.) von etwa 5 – 6 W/m^2K, lässt also viel Heizenergie passieren. Heutige Fenster weisen einen U_w-Wert von etwa 1,3 W/m^2K auf, sehr gute Fenster haben U_w-Werte von 0,95 W/m^2K und weniger. Auf den Punkt gebracht:

- Einfachverglasung ist energetisch nicht mehr zeitgemäß. Die Wärme kann fast ungehindert nach draußen entweichen. Hier besteht eindeutig Handlungsbedarf.
- Zweifachverglasung ist bei gebrauchten Immobilien die häufigste Verglasungsart und noch akzeptabel.
- Dreifachverglasungen finden sich in neueren Immobilien mit Baujahren ab ca. 2005 und stellen energetisch die beste, aber auch kostspieligste Lösung dar.

Gläser können als Sicherheitsglas, Sonnen-, Schall- oder Einbruchschutzglas ausgeführt werden. Liegt die Immobilie beispielsweise an einer viel befahrenen Straße, ist eine Schallschutzverglasung sinnvoll. Besteht die Gefahr des Abstürzens durch Fenster, weil die Brüstungshöhe zu gering ist, müssen die Fenster sicherheitsverglast und/oder abschließbar sein. Auch Versicherungsunternehmen können bezüglich der Einbruchgefahr in die Immobilie Vorgaben zur Verglasung machen.

Um Herstellungsjahr und Verglasungstyp des Fensters herauszufinden, lohnt sich ein Blick in den Scheibenzwischenraum (siehe Abb. 24).

Abb. 24: Herstellungsjahr und Verglasungstyp Fenster

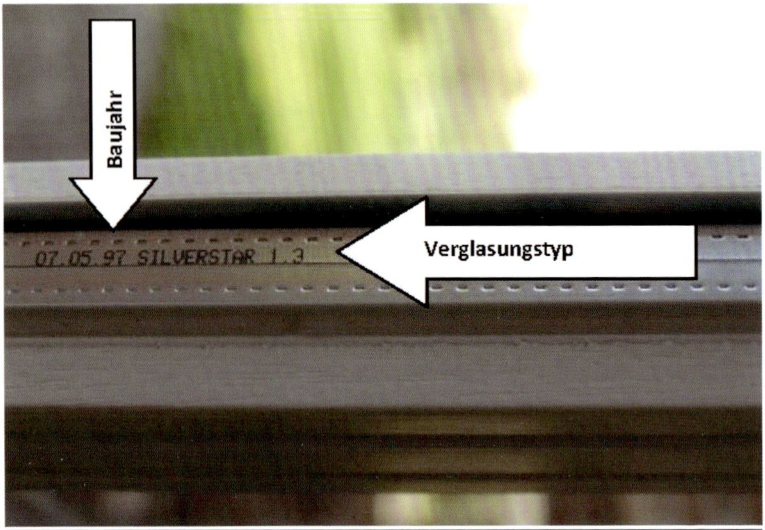

Hinweis zu den folgenden Tabellen

Die Spalte „Bauteil" enthält verschiedene Ausführungsvarianten. Nicht zutreffende Ausführungen können einfach gestrichen werden. Der zutreffende Smiley wird angekreuzt, die Smileys am Ende der Liste aufsummiert. Je nachdem, welcher Smiley am häufigsten gewählt wurde, handelt es sich um einen „guten", „durchschnittlichen" oder „schlechten" Zustand.

Auch hier gilt: Nicht jedes Kriterium muss gleich bei der ersten Besichtigung untersucht und beurteilt werden. Nur für Immobilien, die in die engere Wahl kommen, ist es sinnvoll, einen Experten einzuschalten.

Abb. 25: Verfärbung im Sichtmauerwerk

Abb. 26: Frostschäden im Sichtmauerwerk

Abb. 27: Abplatzung an einer Fassade

Abb. 28: Regenablaufspuren an einer Fassade

Tab. 11: Checkliste: Fassade, Fenster, Türen

Bauteil	**IST-Zustand**			**SOLL-Zustand**
	gut	**neutral**	**schlecht**	**ändern / renovieren / Anmerkungen**
Fassade				
Klinker / Putz / Holz / WDVS / Schiefer / Fachwerk / Bruchstein				
Oberfläche • gestrichen • imprägniert				
Jalousie / Klappläden				
Fenster / Türen				
Rahmenmaterial: Holz / Kunststoff / Alu				
Oberfläche • gestrichen • imprägniert • eloxiert				
Verglasung: 1-fach / 2-fach / 3-fach				
Verglasung (zusätzliche Eigenschaften): • Schallschutz • Wärmeschutz • Einbruchschutz • Sicherheitsglas				
Fenster abschließbar				
Türscharniere				
Fensterscharniere				
				Gesamtbeurteilung der Fassade und der Fenster
Summe der				**Expertenrat notwendig?** **JA** / **NEIN**

4.2 Das Dach einschließlich Entwässerung

Das Dach eines Hauses muss sowohl von außen als auch von innen betrachtet werden. Handelt es sich um ein Flach- oder ein Steildach? Welche Eindeckung hat das Dach?

Flachdächer werden in Foliendächer und Dächer mit bituminöser Abdichtung unterteilt. Bei Steildächern wird generell zwischen Sattel-, Walm-, Gauben- und Pultdächern unterschieden, die mit Dachziegeln, Reet, Blech oder auch Schiefer eingedeckt sein können. Auf die Besonderheiten der unterschiedlichen Dachaufbauten und Formen wird hier nicht näher eingegangen.

Es sollte darauf geachtet werden, ob das Dach gut gedämmt ist und dicht ist. Wichtig ist auch der Zustand des Holzes im Dachstuhl sowie der Regenrinne und der Fallrohre. Gibt es hier Korrosionsstellen (Rost) oder undichte Schweißnähte, kann dies zu Problemen führen.

Flachdächer

Das wichtigste zu beurteilende Kriterium bei einem Flachdach ist die Dichtigkeit. Hierzu sollte geschaut werden, ob die Dachfolie unbeschädigt ist oder bereits Reparaturstellen aufweist und ob es sichtbare Wasserlaufspuren und somit auch sichtbare Durchfeuchtungen im Innenraum gibt. Durchgänge zum Dach, wie Fenster, Dachausstiege oder Lichtkuppeln, sowie vorhandene Schweißnähte sind immer ein Schwachpunkt. Sind sie nicht richtig an die Dachkonstruktion angeschlossen, ist der Wasserschaden vorprogrammiert (siehe Abb. 29 und 30). In den seltensten Fällen leckt das Wasser im Geschoss unter dem Dach an der Stelle an, wo auf dem Dach die Undichtigkeit besteht. Also ist die Fehlstellensuche samt nowendiger Sanierung langwierig und kann durchaus teuer werden. Hochwertige Flachdachabdichtungen halten bis zu 25 Jahren.

Abb. 29: Durchfeuchtete Decke unter einem Flachdach

Abb. 30: Durchfeuchtungen im Bereich einer Lichtkuppel im Flachdach

Falls Wasser auf der Dachfläche steht, kann dies an verstopften Entwässerungsleitungen oder an einem falsch angelegten Gefälle der Dachkonstruktion liegen. Das Gefälle sollte zu den Abflüssen hin ausgerichtet sein, damit das Wasser ungehindert abfließen kann. Gründe für eine Pfützenbildung sollten geklärt werden.

Des Weiteren sollte darauf geachtet werden, ob eine ausreichende Dämmung auf dem Dach vorhanden ist; heute sind Dämmstoffdicken von mehr als 30 cm keine Seltenheit. Eine mangelhafte Dämmung führt dazu, dass sich die unter dem Dach liegenden Räume im Sommer stark aufheizen und im Winter ein Wärmeverlust auftritt.

Steildächer

- Bei Steildächern mit einer Dachpfanneneindeckung sollte darauf geachtet werden, ob das Dach und insbesondere die Dachflächenfenster, Schornsteindurchführungen und andere Durchdringungen dicht sind. Bei den Dachziegeln auf Verwitterung, Risse und festen Sitz geachtet werden. Die durchschnittliche Lebensdauer von Zielgeldächern beträgt 30 – 50 Jahre und hängt von der Qualität, der Verarbeitung und den Umwelteinflüssen ab.
- Schieferdächer sind die am längsten haltenden Dächer. Sie haben eine Lebensdauer von 80 – 150 Jahren, also mindestens 50 Jahre länger als ein Pfannendach. Ansonsten gelten bezüglich der Dämmung und Abdichtung die oben erläuterten Kriterien.
- Reetgedeckte Dächer sollten eine Mindestdachneigung von 45° aufweisen, um ein schnelles Ablaufen von Regenwasser zu gewährleisten. Je steiler ein Dach ist, desto länger wird es halten. Algenteppiche oder Moosbesatz müssen regelmäßig vom Dach entfernt werden, da sie ein Trocknen des Reetdaches verhindern und somit der Substanz schaden. Auch hier muss auf eine einwandfreie handwerkliche Arbeit geachtet werden. Reetdächer können eine Lebensdauer von 30–50 Jahren haben. Wenn sie saniert oder erneuert werden müssen, wird es häufig teurer als bei anderen Dacheindeckungen.

Abb. 31: Flachdach ohne ausreichendes Gefälle

Abb. 32: Moosbefall eines Steildaches

Tab. 12: Checkliste: Dach und Entwässerung

Bauteil	IST-Zustand			SOLL-Zustand
	gut	neutral	schlecht	ändern / renovieren / Anmerkungen
Dach • .... (Eindeckung eintragen)				
Flachdach / Steildach				
Dämmung				
Abdichtung				
Dachdurchlässe				
Dachfenster / Lichtkuppeln				
Dachstuhl				
Entwässerung				
Regenrinne • .... (Material eintragen)				
Fallrohre • .... (Material eintragen)				
Schweiß- / Lötnähte				
	gut	neutral	schlecht	**Gesamtbeurteilung des Daches und der Entwässerung**
Summe der				**Expertenrat notwendig?** **JA** / **NEIN**

4.3 Heizung, Kamin und Schornstein

Eine wichtige Frage ist, wie die Immobilie beheizt wird. Möglich sind:

- Ölheizung
- Gasheizung
- Holz-, Pellet, Kohle- oder Koksheizung
- Kohle- oder Koksöfen und Holzeinzelfeuerstätten
- Fernwärmeheizung
- Wärmepumpen
- Nachtspeicheröfen

Dabei ist es wichtig zu wissen, wie alt und in welchem Zustand die Feuerungsanlage sowie die zugehörigen Versorgungsleitungen sind. Fehlt es dem Interessenten hier an Fachwissen, wird unbedingt professionelle Hilfe benötigt. Da Feuerungsanlagen normalerweise von Schornsteinfegern und Heizungsbauern regelmäßig überprüft und gereinigt werden, bieten sie sich als Ansprechpartner an.

Ölheizung

Ölheizungen haben wegen der erforderlichen Öltanks einen höheren Raumbedarf als Gasheizungen. Auch sind einige bauliche Besonderheiten zu beachten, z. B. Öl-Auffangwannen und Brandschutztüren.

Geachtet werden sollte zunächst auf das Material der Öltanks. Stahltanks können korrodieren und undicht werden, Kunststofftanks altern und evtl. Risse aufweisen und undicht werden.

Auch die Größe der Tanks ist wichtig: Unter gewissen Voraussetzungen ist der Besitzer der Öltanks dazu verpflichtet, die gesamte Anlage regelmäßig vom TÜV oder anderen zugelassenen Sachverständigenorganisationen auf Funktion und Sicherheit überprüfen zu lassen. Rechtsgrundlage ist die „Verordnung über Anlagen zum Umgang mit wassergefährdenden Stoffen" (VAwS). Vorgeschrieben sind wiederkehrende Prüfungen aller unterirdischen Behälter und oberirdischen Anlagen mit mehr als 10.000 l sowie Tanks in Wasserschutzgebieten mit mehr als 1.000 l (bzw. 5.000 l in NRW). Die Regelungen sind in den Bundesländern unterschiedlich, sollen aber durch eine bundeseinheitliche Verordnung (dann VAUwS statt VAwS) abgelöst werden. Die Kosten für eine Prüfung belaufen sich auf etwa 100,- bis 150,- €.

Gasheizungen

Der Platzbedarf ist kleiner als bei einer Ölheizung: Erdgas wird über eine Leitung der Versorgungsunternehmen direkt ins Haus geliefert, Flüssiggas, das ca. 30 Prozent teurer ist als Erdgas, in Tanks im Garten bevorratet.

Bei Gasheizungen wird zwischen Niedertemperatur- und Brennwertheizungen unterschieden; Brennwertheizungen sind wegen des höheren energetischen Wirkungsgrades die bessere Alternative. Um welchen Typ Gasheizung es sich handelt, geht aus dem Typenschild oder dem Prüfbericht des Schornsteinfegers hervor.

Holz- und Pelletheizungen

Holzheizungen können zeitintensiv sein. Sie müssen öfter gereinigt und beladen werden; zu bedenken sind auch der Holzvorrat, die Lagermöglichkeiten und der in letzter Zeit steigende Holzpreis. Grundsätzlich sind Holzheizungen CO_2-neutral und damit umweltfreundlich. Bei den Schadstoffemissionen liegen Holzheizungen im Bereich anderer Heizkessel.

Ähnliches gilt für Pelletheizungen. Bei Pellets handelt es sich um kleine zylindrische Körper mit normierten Abmessungen. Vorteilhaft ist, dass sie mit Fördereinrichtungen transportiert werden können und damit die Beladung der Heizung vereinfachen. Gelagert werden sie in Tanks, Sacksilos oder als 25-Kilo-Sackware.

Schornstein

Ist der Schornstein bzw. Abgasweg nach den neuesten Bauvorschriften und Richtlinien einwandfrei oder besteht hier Sanierungsbedarf? Schornsteine müssen standsicher, rauchgasdicht und brandbeständig sein und dem Baurecht der jeweiligen Bundesländer entsprechen.

Feuerstätten, die an dem Schornstein bzw. der Abgasleitung angeschlossen werden, müssen der 1. Bundes-Immissionsschutzverordnung (1. BImSchV) entsprechen. Darin sind die Grenzwerte für den Abgasverlust sowie den Feinstaubausstoß von Kaminen, Öfen und Zentralheizungen festgelegt. Sollten dort vorgegebene Werte überschritten werden, besteht Sanierungs- bzw. Handlungsbedarf. Auskunft hierüber erteilt der zuständige Schornsteinfeger, der die Abgaswege auch regelmäßig prüft (Prüfintervalle zwischen einem und drei Jahren).

Ist eine bzw. wird noch eine weitere Feuerstätte an dem Schornstein angeschlossen, ist im Bereich der Bauvorschriften insbesondere bei der Verbrennungsluftversorgung auf einige Punkte zu achten. Sollte im Haus eine Dunstabzugshaube (mit Luftabsaugung ins Freie), eine kontrollierte Wohnungslüftung oder eine sonstige Absaugvorrichtung vorhanden sein, kann dies zu Betriebsstörungen an den Feuerstätten durch fehlende Verbrennungsluft bzw. zu großem Unterdruck im Aufstellraum führen. Es sind dann weitere bauliche Maßnahmen notwendig, um eine ausreichende Verbrennungsluftzufuhr und eine einwandfreie Funktion der Feuerungsanlage zu gewährleisten.

Abb. 33: Versotteter Kamin

Abb. 34: Typenschild Heizkessel

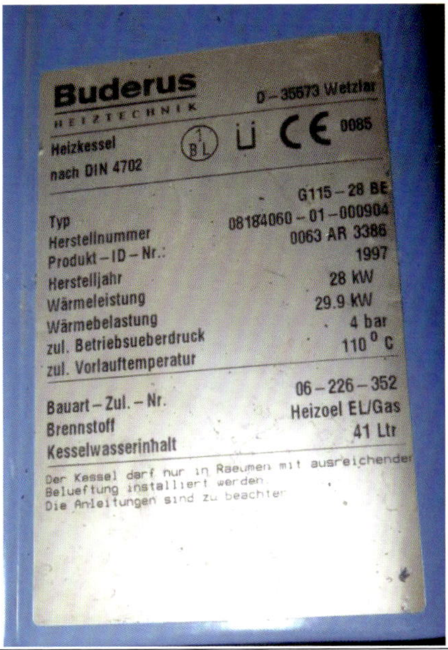

Tab. 13: Checkliste: Heizung, Kamin, Schornstein

Bauteil	IST-Zustand			SOLL-Zustand
	gut	neutral	schlecht	ändern / renovieren / Anmerkungen
Heizungsanlage • .... (Typ eintragen)				
• Öltanks aus Stahl / Kunststoff				
• Rohre				
• Heizkörper				
• Fußbodenheizung				
Schornstein				
• gemauert				
• 1- / 2-zugig				
Kamin (offen) / Kachelofen / Specksteinofen				
				Gesamtbeurteilung Heizung / Kamin / Schornstein
Summe der				**Expertenrat notwendig?** JA / NEIN

4.4 Die Elektrik

Bei der Elektrik sollte insbesondere beachtet werden, ob die Leitungen auf oder unter Putz verlegt worden sind. Auch die Zählerkästen einschließlich der Unterverteilung sollten angesehen werden. Dabei ist wichtig, ob der Fehlerstromschutzschalter (FI-Schalter) auf dem neuesten Stand ist. Bei älteren Modellen löst dieser bei einer Stromstärke von 0,5 A aus. Der jetzt zulässige Wert liegt bei 0,03 A = 30 mA. Dieser Wert kann auf dem Schalter abgelesen werden.

Wichtig für die Bewertung der Immobilie sind die Antworten auf folgende Fragen:

- Welche elektrischen Geräte gibt es und in welchem Zustand sind sie (Warmwassergeräte, Elektroheizungen, Klimaanlagen, Garagentorantriebe, Pumpen etc.)?
- Ist die Zuleitung zum Elektroherd auch noch ausreichend, wenn eine neue Küche eingebaut wird?

- Sind ausreichend viele Steckdosen pro Raum vorhanden und sind diese an den richtigen Stellen?
- Wo können Wand- und Deckenlampen angebracht werden und von wo und wie sind sie zu schalten bzw. zu dimmen?
- In welchen Räumen gibt es Anschlüsse für Telefon, Internet und Fernsehen?
- Ist die Internetverbindung ausreichend schnell bzw. lässt sie sich aufgrund der vorhandenen Infrastruktur herstellen?
- Steht die Immobilie in einem Funkloch, oder ist ein einwandfreier Handyempfang gewährleistet?
- Gibt es besondere (Starkstrom-) Steckdosen für spezielle Hobby-Maschinen oder das Elektroauto?

Zur Ausstattung können elektrische Jalousien, Garagentore und Türöffner mit Gegensprechanlage gehören, aber auch Klimaanlagen, Ventilatoren oder sogar ein sogenanntes KNX- oder Bussystem zur automatisierten zentralen Steuerung der Hauselektrik (Heizung, Klimaanlage, TV-Geräte und HiFi-Anlagen, Türen, Lichter und Jalousien), auch über Internet oder SMS.

Das Fernsehsignal kann über eine Antenne, eine am Haus oder auf dem Dach angebrachte Satellitenschüssel (einmalige Gebühr für den Kauf) oder durch Kabelleitungen (monatliche Gebühren) empfangen werden.

Die zum Grundstück gehörende Außenelektrik umfasst beispielsweise die Außenbeleuchtung und Außensteckdosen. Bei am Haus angebrachten Lampen sollte darauf geachtet werden, ob sie mit Bewegungsmeldern ausgestattet sind und welche Leuchtmittel eingesetzt sind. Bei Außensteckdosen ist darauf zu achten, ob diese von innen zu schalten sind, damit kein Fremder ungewollt Strom abzapfen kann.

Mit Blick auf die Einbruchsicherheit sollte eine etwaige Alarmanlage auf ihre Funktionstüchtigkeit geprüft werden.

Tab. 14: Checkliste: Elektrik

Bauteil	**IST-Zustand** gut	neutral	schlecht	**SOLL-Zustand** ändern / renovieren / Anmerkungen
Elektrik				
Leitungen auf Putz / unter Putz				
Hauptverteiler				
Sicherungskasten				
FI-Schalter (0,03 A / 0,5 A)				
Innenschalter (Funktion)				
Innenschalter (Anzahl)				
Innensteckdosen (Funktion)				
Innensteckdosen (Anzahl)				
Außensteckdosen				
„Rasenmähersteckdosen"				
Innenbeleuchtung				
Außenbeleuchtung				
Starkstrom (innen)				
Starkstrom (außen)				
Telefon				
Anschlüsse (Funktion)				
Anschlüsse (Anzahl)				
Handyempfang				
Fernseher				
Anschlüsse (Funktion)				
Anschlüsse (Anzahl)				
Satellitenschüssel / Kabelanschluss				
Internet				
Schnelligkeit				
Alarmanlage				
Elektrisches Garagentor				
Elektrische Jalousien				
Türöffner / Gegensprechanlage				
Bussystem (innen / außen)				
				Gesamtbeurteilung Elektrik
Summe der				**Expertenrat notwendig?** JA / NEIN

4.5 Sanitäre Anlagen

Jeder potenzielle Immobilienkäufer muss für sich selbst entscheiden, ob beispielsweise ein Bad im Stil der 1970-Jahre für ihn akzeptabel ist. Neben den subjektiven Kriterien gibt es aber auch noch objektive: Es ist abzuwägen, ob eine Desinfektion der Toilette ausreicht, der WC-Sitz ausgetauscht oder das ganze WC gewechselt werden muss. Geprüft werden muss, ob es Stock- oder Schimmelflecken gibt und wie verkalkt Armaturen und Einrichtungen (z. B. Duschabtrennungen) sind. Oft sind Fliesen gerissen, angebohrt oder abgeplatzt oder wurden schon ausgetauscht, was auch der Laie auf den ersten Blick erkennen kann; ausgetauschte Fliesen weisen auf einen reparierten Schaden hin. Darüber hinaus sollte darauf geachtet werden, ob die Sanitärkeramik (Waschbecken, Toilette, Badewanne, Duschtasse, Bidet) Sprünge oder Emaille-Abplatzungen aufweist und die Abflüsse einwandfrei funktionieren.

Ein Bad mit Fenster hat den Vorteil, dass der Schimmelbildung durch Lüften vorgebeugt werden kann. Ohne Fenster stellt sich die Frage nach einer ausreichend dimensionierten Lüftungsanlage, um Feuchtigkeit und Gerüche zu beseitigen. Häufig werden innenliegende Lüftungen nicht gewartet und funktionieren spätestens nach fünf bis zehn Jahren nicht mehr, was jedoch nicht bemerkt wird. Getestet werden kann dies ganz einfach, indem man eine (Kerzen-) Flamme, eine Zigarette oder ein Strömungsröhrchen an das Tellerventil oder an den Lüfter hält.

Saunafreunde sollten darauf achten, ob die Möglichkeit des Einbaus besteht. Wenn es eine Sauna gibt, sollte deren Zustand kontrolliert werden. Nicht selten werden sie vom Besitzer nach einigen Jahren nur noch „lieblos" genutzt, sind durchnässt oder verschimmelt.

Eine wichtige Frage ist, aus welchem Material die Rohre sind. Vorweg: Das perfekte Rohrmaterial gibt es nicht! Infrage kommen Kupfer, Kunststoff, Edelstahl, verzinkter Stahl, Blei und sauerstoffdiffusionsdichter Kunststoff. Letztgenanntes besteht aus drei Schichten, Kunststoff-Aluminium-Kunststoff, und gilt nach dem derzeitigen Stand der Technik – neben dem Edelstahlrohr – als das Haltbarste. In allen Leitungen kann es, je nach Härtegrad des Trinkwassers, zu Ablagerungen kommen, die die Rohre zusetzen.

In Gebäuden, die vor 1973 errichtet wurden, können noch Bleirohre vorhanden sein. Außerdem können verzinkte Leitungen, die früher bei der Herstellung ein Bleibad durchliefen, und alte Lötstellen Blei enthalten. Der Bleigehalt im Trinkwasser darf gemäß Trinkwasserverordnung (TrinkwV) vom 01. Januar 2003 seit dem 1. Dezember 2013 den Wert von 0,010 mg/l nicht mehr überschreiten, um damit insbesondere die Gesundheit von Ungeborenen, Säuglingen und Kleinkindern nicht zu gefährden. Eingehalten werden kann dieser Wert nur, wenn keinerlei Bleirohre mehr im Haus (-anschluss) vorhanden sind. Außerdem dürfen Handwerker keinerlei Reparaturen oder Veränderungen an Bleiinstallationen vornehmen und müssen den Hauseigentümer darauf hinweisen, dass die gesamten Leitungen ersetzt werden müssen. Kurz gesagt: Bleirohre müssen ausgetauscht werden. Bei einem Umbau muss gemäß DIN 50930-6 eine Korrosionsvorbetrachtung erfolgen. Dazu gehört, dass eine Wasseranalyse der Stadtwerke zum Klempner geschickt wird. Nähere Informationen hierzu stellen das Umweltbundesamt sowie der „Deutsche Verein des Gas- und Wasserfaches e. V." (DVGW) auf ihren Homepages zur Verfügung.

Messungen des Bleigehaltes können selbst oder durch Fachfirmen durchgeführt werden. Probesets mit Anleitung gibt es in den örtlichen Gesundheitsämtern. Die reinen Laborkosten zur Bestimmung des Bleigehaltwertes betragen ca. 15,- €. Allerdings wird die Probeentnahme durch eine anerkannte Untersuchungsstelle empfohlen, durch die Kosten in Höhe von etwa 50,- bis 100,- € entstehen. So können verfälschte Ergebnisse vermieden werden.

Im Übrigen können sich alle Rohrarten durch Ablagerungen, die u. a. durch zu hohe Warmwassertemperaturen entstehen, zusetzen. Um dies zu vermeiden, muss die Wasserhärte herabgesetzt werden. Fragen dazu kann ein Fachmann für Sanitär- und Heizungsinstallationen beantworten.

Tab. 15: Checkliste: sanitäre Anlagen

Bauteil	**IST-Zustand**			**SOLL-Zustand**
	gut	**neutral**	**schlecht**	**ändern / renovieren / Anmerkungen**
Gäste-WC				
Toilette				
Urinal				
Bidet				
Waschbecken				
Dusche • ebenerdig gefliest • Duschtasse				
Bodenbelag • …………………………… (Typ eintragen)				
Wandbelag-Fliesen				
Wandbelag • Tapete • Putz mit Anstrich • Holzvertäfelung • Fliesen • …………………………… (Typ eintragen)				
Fenster				
Rohre • …………………………… (Typ eintragen)				
Badezimmer				
Toilette				
Urinal				
Bidet				
Dusche • ebenerdig gefliest • Duschtasse • in der Badewanne				
Badewanne / Whirlpool				
Bodenbelag • …………………………… (Typ eintragen)				
Wandbelag • Tapete • Putz mit Anstrich • Holzvertäfelung • Fliesen • …………………………… (Typ eintragen)				
Sauna				
				Gesamtbeurteilung der sanitären Anlagen
Summe der ☺				**Expertenrat notwendig?** **JA** / **NEIN**

Auf Decken und Wände wird in diesem Kapitel nicht eingegangen. Hierbei sind Schimmelbildung und Risse von besonderer Bedeutung. Was hierbei zu beachten ist, wird genauer in Kapitel 5 – Besondere Baumängel – betrachtet.

4.6 Übersicht Instandhaltungsrhythmus

Instandhaltungs- bzw. Renovierungsmaßnahmen hängen stark vom eigenen Geschmack und den eigenen Ansprüchen ab. Häufig ist das Bad noch voll funktionstüchtig, soll aber trotzdem erneuert werden, weil Farbe und Form von Fliesen, Objekten und Armaturen einfach nicht mehr gefallen. Wann welches Bauteil sanierungs- bzw. renovierungsbedürftig wird, lässt sich nicht vorhersagen. Die Notwendigkeit einer Instandetzung hängt ab von der Qualität der ursprünglichen Bauausführung, dem Verschleiß und gesetzlichen Vorschriften, die eine Erneuerung zwingend vorschreiben. Insofern können die angegebenen Zeitspannen für Instandhaltungsrhythmen lediglich eine grobe Orientierung geben.

Tab. 16: Instandhaltungsrhythmus

Modernisierung nach 5 bis 10 Jahren	**Modernisierung nach 15 bis 30 Jahren**	**Modernisierung nach 30 bis 50 Jahren**
• Wandbeläge (Tapeten / Innenanstriche) • Fußbodenbeläge (Teppich / Laminat) • Fassadenanstrich (WDVS / Putz) • Fensteranstrich (Holz)	• Dachrinnen und Fallrohre • Verglasung der Fenster • Abdichtung von Außenbauteilen • Heizungsanlage / Heizkessel	• Dacheindeckung • Außentüren • Außenfenster • Innenfliesen • Wasserleitungen (Bäder / Küche) • Fußbodenheizung • Heizungsrohre • Elektrik (Leitungen / Schalter / Steckdosen)

5 Besondere Baumängel

Während im vorangegangenen Kapitel ganz allgemein die Beurteilung von Bauteilen angesprochen wurde, sollen im Folgenden zwei besondere Baumängel vorgestellt werden:

- Schimmel
- Risse

Außerdem werden verschiedene Bauexperten vorgestellt, die bei speziellen Fragen zu Baumängeln weiterhelfen können.

5.1 Schimmelbildung

Schimmel ist nicht nur ein optischer Mangel, sondern auch gesundheitsschädlich. Schimmelpilze benötigen für ihr Wachstum Nährstoffe, bestimmte Temperaturen und Feuchtigkeit. Die verschiedenen Arten von Schimmel können die unterschiedlichsten Ursachen haben.

Grundlegend ist Feuchtigkeit, die zum einen auf undichte bzw. mangelhaft gedämmte Bauteile wie Wände, Fenster oder Dächer zurückzuführen ist. In den Abbildungen 19 und 20 ist ein typischer Schimmelbefall im Bereich von Fensternischen zu erkennen. Ursache war ein fehlerhafter Anschluss zwischen Putz und Fenster, durch den Regen und Wind eindringen konnten. Hier reicht das Streichen der Tapete nicht aus. Wird die Ursache der Durchfeuchtung nicht behoben, kommt es innerhalb kürzester Zeit erneut zur Schimmelbildung.

Zum anderen kann Schimmel auf das ungenügende Lüftungsverhalten der Bewohner zurückgeführt werden, die permanent Feuchtigkeit durch Atemluft, Kochen und Duschen produzieren. Überschreitet dieser Feuchtigkeitspegel die natürliche Wohnraumfeuchte, führt dies bei mangelhaftem Lüften unvermeidlich zur Schimmelbildung. Probleme gibt es aber nicht nur, wenn zu wenig gelüftet wird, sondern auch, wenn falsch gelüftet wird. Das liegt daran, dass warme Luft wesentlich mehr Feuchtigkeit aufnehmen kann als kalte Luft. Ist es beispielsweise im Keller eher kühl und es wird tagsüber bei hohen Außentemperaturen gelüftet, wird die einströmende Luft ihre gespeicherte Feuchtigkeit an die kühlen Kellerwände abgeben. Deshalb sollte besser bei kühleren Temperaturen in den Morgenstunden gelüftet werden.

Abb. 35: Schimmelbefall an Fensternischen im Bereich der Fensterbank

Abb. 36: Schimmelbefall an Fensternischen im Sturzbereich

Abb. 37: Schimmelbildung im Badezimmer

Abb. 38: Schimmelbildung im Keller

Sollten Fragen zur Schimmelbildung auftreten, gibt es Beratung beim zuständigen Gesundheitsamt oder einer Verbraucherzentrale. Natürlich helfen auch Sachverständige und Gutachter weiter.

5.2 Risse im Bauwerk

Die Ursachen von Rissen sind vielfältig: übermäßige Verkehrsbelastung, Bergsenkung, nachbarschaftliche Baumaßnahmen, Setzungen, Hebungen durch Geothermie-Bohrungen etc. Risse können sowohl in Beton-, Mauerwerk-, Stahl-, Holz- und Glasbauteilen auftreten als auch im Putz und im Estrich. Doch nicht jeder Riss im Bauwerk stellt eine Gefährdung der Standsicherheit des Gebäudes dar. Unabhängig davon sieht er unschön aus und sollte saniert werden. Dafür muss jedoch klar sein, um welche Art von Riss es sich handelt.

Zunächst wird unterschieden zwischen Oberflächen- und Trennrissen:

- Oberflächenrisse betreffen nur die Oberfläche des Bauteils oder sind nur wenige Millimeter tief. Sie stellen in der Regel keine Beeinträchtigung der Standsicherheit des Gebäudes dar.
- Trennrisse trennen das ganze Bauteil und stellen somit in der Regel ein statisches Problem dar.

Risse werden aber nicht nur nach ihrer Tiefe, sondern auch nach ihrer Breite und der Rissbewegung beurteilt. Bei der Beurteilung helfen Sachverständige, Gutachter bzw. Statiker. Sie können die Risse und die daraus resultierenden Schäden sowie den Sanierungsbedarf und die anfallenden Kosten benennen. Auch ein „ungefährlicher Riss“ sollte saniert werden, da er eine Angriffsstelle für das Eindringen von Feuchtigkeit und Schädlingen bietet, wie die folgenden Abbildungen zeigen.

Abb. 39: Diagonalriss in Fassade

Abb. 40: Riss, vom Sockel ausgehend

Abb. 41: Riss im Bereich von Stürzen

Abb. 42: Riss bzw. Putzabplatzung im Sockelbereich

Abb. 43: Oberflächenrisse im Fassadenputz/Anstrich

5.3 Sanierungsbedürftige Treppen

Abb. 44: Abgenutztes Geländer, Teppich- und Klebereste an Stufen

Abb. 45: Holztrittstufen mit Abnutzungen

5.4 Schäden in Böden

Abb. 46: Feuchteschaden am Holzboden

Abb. 47: Wasserschaden auf Parkett

Abb. 48: Riss in Bodenfliesen

5.5 Schäden im Außenbereich

Abb. 49: Defekte Hofpflasterung

Abb. 50: Sanierungsbedürftige Einfriedung

5.6 Die Bauexperten

Sollte sich der potenzielle Käufer unsicher sein, ob es (versteckte) Mängel in der Bausubstanz gibt, ist es sinnvoll, Rat von Gutachtern wie Architekten, Ingenieuren, Handwerkern oder auch Sachverständigen einzuholen.

Architekten und Bauingenieure

Es gibt die unterschiedlichsten Fachrichtungen im Bauwesen. Architekten kümmern sich um die gestalterischen und planerischen Aspekte, Bauingenieure setzen die Entwürfe des Architekten in die Realität um. Das heißt: Wenn es um statische Aspekte wie die Standsicherheit des Gebäudes geht, ist ein konstruktiver Bauingenieur (Statiker) eine gute Wahl. Weitere Fachingenieure befassen sich mit dem Holz-, Massiv- und Stahlbau sowie der Bauphysik, der Baubiologie und den Baustoffen. Soll eine gebrauchte Immobilie erworben und anschließend saniert bzw. modernisiert werden, sollte ein Planer (Architekt oder Bauingenieur) hinzugezogen werden. Bei Baumängeln wie Undichtigkeiten, Feuchtigkeitsproblemen oder Schäden am Holz können sowohl Bauingenieure als auch Architekten als Ansprechpartner infrage kommen.

Handwerker

Sie sind Spezialisten auf ihrem Fachgebiet. Aufgrund ihrer praktischen Erfahrung können sie auch fachgebietsübergreifende Mängel erkennen und beurteilen. Häufig sind ihr Rat und ihre Beurteilung kostenlos, da sie sich für die anstehende Sanierung einen Auftrag erhoffen, oder sie verlangen einen geringen Betrag, der bei Auftragserteilung verrechnet wird.

Energieberater und Schornsteinfeger

Energieberater zeigen Verbesserungsmöglichkeiten im Bereich der Dämmung des Hauses auf und können Wärmebilder erstellen, um nachzuweisen, wo starke Wärmeverluste auftreten. Auf die Aufgaben des Schornsteinfegers wird in Kapitel 4.3 eingegangen.

Vermessungsingenieure

Gibt es Unstimmigkeiten über den genauen Grenzverlauf oder den Standort der Immobilie auf dem Grundstück, hilft der Vermessungsingenieur weiter.

Sachverständige

Der Begriff des Sachverständigen ist in Deutschland kein geschützter Begriff. So darf sich jeder, der in der Lage ist, einen Nachweis der besonderen Sachkunde zu bringen, auch Sachverständiger nennen. Unterschieden wird in Deutschland zwischen den folgenden Sachverständigen:

- EU-zertifizierte Sachverständige haben in Deutschland die höchste erreichbare Qualifikation. Sie sind der Überwachung durch die Zertifizierungsstelle unterworfen, die häufig strenger als die öffentlich-rechtliche Überwachung ist.
- Staatlich anerkannte Sachverständige sind beispielsweise Sachverständige für Wärme- und Schallschutz sowie für die Prüfung der Standsicherheit von Gebäuden und Brandschutz. Sie unterliegen der staatlichen Aufsicht und nehmen hoheitliche Aufgaben wahr. Architekten und Bauingenieure in Deutschland können durch Ablegung einer Zulassungsprüfung staatlich anerkannte Sachverständige werden.
- Öffentlich bestellte und vereidigte Sachverständige werden durch Kammern wie die IHK (Industrie und Handelskammer), Architekten- oder Ingenieurkammern bestellt und häufig in Gerichtsverfahren angefordert.
- Freie Sachverständige können Handwerksmeister sein, um handwerksbezogene Gutachten erstellen zu dürfen, oder müssen ein abgeschlossenes Ingenieursstudium haben. Beide sollten eine langjährige Berufserfahrung und Kenntnisse über die gültigen Normen und technischen Vorschriften haben.
- Verbandsanerkannte Sachverständige sind ebenfalls freie Sachverständige. Sie genießen die Anerkennung namhafter Berufsverbände. Dazu gehören:
  - Deutsche Sachverständigengesellschaft (DSAG)
  - Bundesverband deutscher Sachverständiger und Fachgutachter (BDSF)
  - Berufsverband für das Sachverständigen- und Gutachterwesen (BSG)

Welcher Experte weiterhilft, zeigt die folgende Checkliste (Tab. 17).

Tab. 17: Checkliste: Bauexperten

Experte	Aufgabe
Bauingenieur	• Beurteilung von Rissen und Bauschäden • Beurteilung der Standsicherheit eines Gebäudes • Wände versetzen / Durchbrüche ermöglichen
Architekt	• Umnutzung • Umplanung • Baugenehmigung • Beurteilung von Bauschäden
Energieberater / Bauphysiker	• Energieausweis erstellen • Energieeinsparpotenzial aufzeigen
Schornsteinfeger	• Schornstein für zusätzlichen Kamin nutzbar • Frischluftzufuhr für Kamin ausreichend
Handwerker	• Beurteilung von Dach, Elektrik, Heizung, Holzbauteilen u. v. m.
Vermessungsingenieur	• Vermessen des Grundstücks und der Gebäude • Grundstücksgrenzen zeigen
Sachverständige	• Immobilienbewertung

6 Besonderheiten beim Kauf einer Eigentumswohnung

Beim Kauf einer Eigentumswohnung sind ergänzend zu den genannten Bewertungskriterien weitere Besonderheiten zu beachten. Zum Wohnungseigentum gehört nicht nur die Wohnung, sondern auch ein Anteil am Gemeinschaftseigentum (Grundstück, Nebengebäude, gemeinsame Einrichtungen). Anders als beim Kauf eines Einfamilien- oder Reihenhauses gibt es Miteigentümer und den Wohnungseigentumsverwalter, mit denen sich der Käufer abstimmen muss. Vereinfacht kann gesagt werden: Der Eigentümer einer Eigentumswohnung ist bezüglich der Immobilie nur eingeschränkt entscheidungsfähig. Vor dem Kauf einer Eigentumswohnung sollte sich der potenzielle Käufer deshalb zunächst mit einigen Begrifflichkeiten sowie seinen Rechten und Pflichten, die mit dem Kauf einhergehen, auseinandersetzen. Die rechtliche Grundlage bildet das Wohnungseigentumsgesetz (WEG).

6.1 Wohnungseigentum

Unter Wohnungseigentum wird das Sondereigentum an einer Wohnung in Verbindung mit dem Miteigentumsanteil an dem gemeinschaftlichen Eigentum, zu dem es gehört, verstanden. Kurz gesagt setzt sich das Wohnungseigentum zusammen aus:

- Sondereigentum
- evtl. Mitsondereigentum
- Gemeinschaftseigentum (auch: Miteigentum oder Bruchteilseigentum)

Als Sondereigentum wird der Teil des Wohnungseigentums bezeichnet, der im Alleineigentum eines einzelnen Eigentümers steht und zu Wohnzwecken dient. Das heißt, dass die in sich abgeschlossene Wohnung Sondereigentum ist. Damit gehört im Allgemeinen die Ausstattung der Wohnung zum Sondereigentum, wie Fußbodenbeläge, nichttragende Innenwände oder Sanitärgegenstände. Da Sondereigentum nur an abgeschlossenen Räumen vergeben werden kann, können für Grundstücksflächen wie Kfz-Außenstellplätze, Terrassen oder Gärten lediglich Sondernutzungsrechte eingeräumt werden.

Eine besondere Form des Sondereigentums ist das sogenannte Mitsondereigentum. Darunter wird das gemeinschaftliche Eigentum von mehreren, aber nicht allen Wohnungseigentümern an einem Teil des Gebäudes verstanden. Das ist beispielsweise der Fall, wenn ein gesondertes Treppenhaus für zwei Wohnungseigentümer vorhanden ist und alle anderen Wohnungseigentümer ein anderes Treppenhaus nutzen.

Das Gemeinschaftseigentum wird auch Miteigentum oder Bruchteilseigentum genannt. Jeder Eigentümer einer Wohnungseigentümergemeinschaft besitzt einen Miteigentumsanteil an dem gemeinschaftlichen Eigentum. Dazu gehören beispielsweise die tragenden Wände, das Treppenhaus, das Dach, die gemeinsam genutzte Waschküche oder der für die Wäschetrocknung gemeinsam genutzte Dachboden (siehe Abb. 51 bis 53).

Abb. 51: Abgrenzung von Sonder- und Gemeinschaftseigentum einer Wohnung

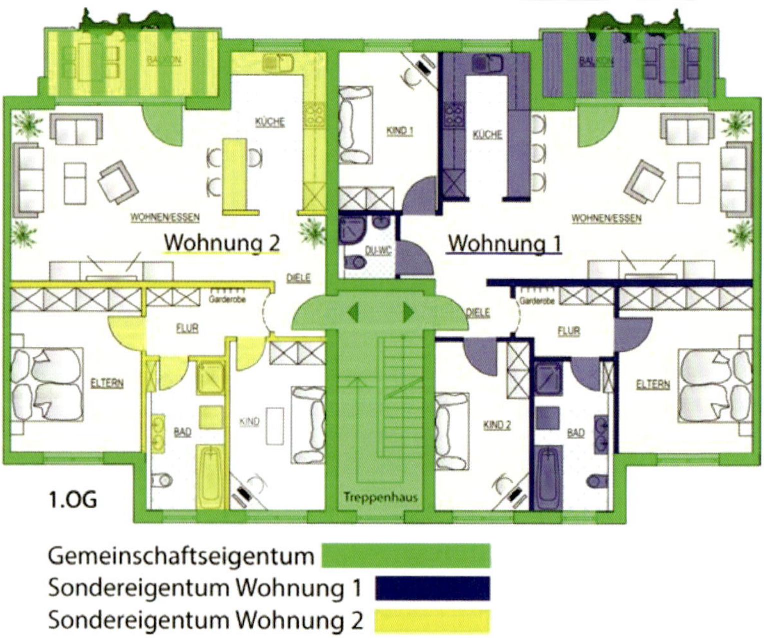

Abb. 52: Abgrenzung von Sonder- und Gemeinschaftseigentum beim Boden

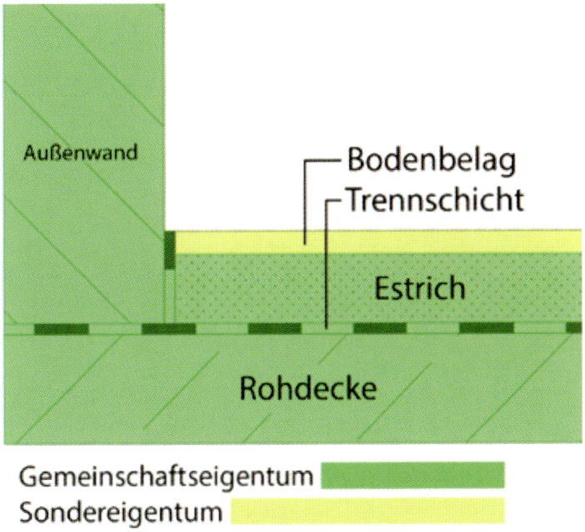

Zwingend zum Gemeinschaftseigentum gehören laut Gesetz:

- das Grundstück;
- alle sicherheitsrelevanten Bestandteile der Anlage;
- alle Anlagen und Einrichtungen, die dem gemeinsamen Gebrauch der Wohnungseigentümer dienen.

Grundsätzlich gehört alles zum Gemeinschaftseigentum, was nicht im Sondereigentum steht. Im Zweifel liegt Gemeinschaftseigentum vor.

Abb. 53: Abgrenzung von Sonder- und Gemeinschaftseigentum bei tragenden Wänden

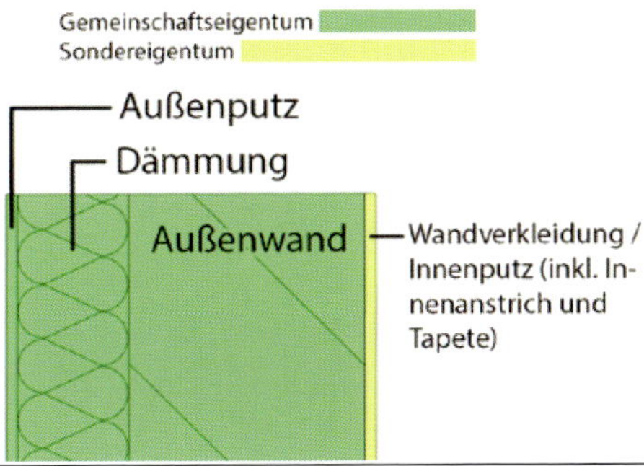

6.2 Rechte und Pflichten der Wohnungseigentümer

Jeder einzelne Eigentümer einer Eigentumswohnung hat Rechte und Pflichten. Gemäß § 25 WEG hat jeder Eigentümer bei Abstimmungen nur eine Stimme, unabhängig von der Größe seines Anteil am Gesamtobjekt. Allerdings sind die Bestimmungen des § 25 WEG abänderbar.

In der Eigentümerversammlung wird über notwendige Investitionen, Reparaturen, Änderungen der Hausordnung, die Wahl des Verwalters und des Verwaltungsbeirats sowie die Jahresabrechnung etc. diskutiert und abgestimmt. Hierüber werden Protokolle erstellt.

Wird erwogen, eine Eigentumswohnung zu erwerben, sollte unbedingt Einsicht in die letzten Protokolle genommen werden. Einerseits kann darin nachgelesen werden, welche Investitionen geplant und welche Kosten damit verbunden sind. Andererseits geben sie Hinweise auf die Stimmung innerhalb der Eigentümergemeinschaft. Selbstverständlich kann nicht jeder Eigentümer immer mit allen anderen einer Meinung sein. Doch gibt es Eigentümergemeinschaften, die völlig zerstritten sind. Dann muss von einem Kauf abgeraten werden.

6.3 Hausgeld

Neben den Kosten für die eigene Wohnung (das Sondereigentum, SE) wie Strom und Heizung muss sich jeder Wohnungseigentümer an den laufenden Kosten für das gemeinschaftliche Eigentum (GE) beteiligen. Mit dem sogenannten Hausgeld werden beispielsweise folgende Verwaltungs- und Gemeinkosten abgedeckt:

- Verwalterhonorar
- Portokosten, Kontoführungs- und Telefongebühren der Hausverwaltung
- Instandhaltung/Instandsetzung
- Instandhaltungsrücklage
- Vorratskäufe (Heizöl)
- Kosten der Verkehrssicherung für Wege, Zufahrten, Zugänge
- Durchführung der Eigentümerversammlung
- Anwalts- und Gerichtskosten für Prozesse der Wohnungseigentümergemeinschaft

- Gartenpflege
- Straßenreinigung
- Grundstücksabgaben
- Gebäudeversicherungen

Reicht das Hausgeld nicht aus um die laufenden Kosten zu decken oder weil eine größere Instandsetzung geplant ist, wird eine Sonderumlage erhoben. Die Höhe der Sonderumlage wird in der Eigentümerversammlung beschlossen.

6.4 Checkliste Eigentumswohnung

Der Tabelle 18 können einerseits die Eigentumsverhältnisse verschiedener Bauteile entnommen werden. Andererseits dient sie dazu, sich bei der Besichtigung einer Eigentumswohnung einen Überblick über den Zustand der Bauteile zu verschaffen. Damit kann ein Instandhaltungsrückstau abgeschätzt werden.

Tab. 18: Checkliste: Eigentumsverhältnisse / Zustand Bauteile Eigentumswohnung GE (Gemeinschaftseigentum) und SE (Sondereigentum)

Bauteil / Ausstattungselement	GE	SE	neu / renoviert	Zustand akzeptabel	veraltet / defekt / renovierungsbedürftig	Hinweise zum Zustand
Absperrventile	x					
Abwasserhebeanlage	x					
Armaturen		x				
Aufzüge	x					
Außenanlagen	x					
Außenputz GE						
Außenwand GE						
Badezimmereinrichtung		x				
Balkon (nur die festen Bauteile, Abdichtungen, Gitter, Abflüsse)	x					
Bodenbelag SE						
Briefkastenanlage (auch Einwurf an der Wohnungstür)	x					
Carports	X					
Dachfenster	X					
Dachterrassen (von allen Bewohnern genutzt)	X					
Dachterrasse (nur durch einen Bewohner genutzt)		x				
Dämmschicht / Isolierung	x					
Decken (konstruktive Bauteile)	x					
Deckenverkleidung		x				

Bauteil / Ausstattungselement	GE	SE	neu / renoviert	Zustand akzeptabel	veraltet / defekt / renovierungs-bedürftig	Hinweise zum Zustand
Estrich	x					
Fenster (in der Fassade)	x					
Fenster Außenanstrich	x					
Fenster Innenanstrich in der Wohnung		x				
Fensterbänke / -sims außen	x					
Fensterbänke / -sims in der Wohnung		x				
Fensterläden / Außenrollläden / Außenjalousien	x					
Fußboden außerhalb der Wohnung	x					
Fußboden innerhalb der Wohnung		x				
Fußbodenheizung	x					
Garagen	x					
Gasuhren	x					
Gemeinschaftsantennen	x					
Hauptwasser-, Gas- und Elektroleitungen	x					
Haussprechanlagen / Türöffner	x					
Heizkörper		x				
Heizungsanlage	x					
Innenanstrich SE						
Innenputz SE						
Kamine (offene)		x				
Kanalisation	x					
Kinderspielplatz	x					
Leitungen bis zum Abzweig zur Wohnung	x					
Licht-, Luftschächte, Müllabwurfanlagen	x					
Putz (innerhalb der Wohnung)		x				
Putz (außen)	x					
Rohdecke GE						
Schlüssel / Schlösser für gemeinschaftlich genutzte Räume und Haustür	x					
Schlüssel / Schlösser für nicht gemeinschaftlich genutzte Räume		x				
Schornstein	x					
Solaranlagen	x					
Stellplätze für Pkw im Freien	x					
Stellplätze in Sammelgaragen		x				
Tapeten / Wandbeläge / Anstrich in der Wohnung		x				
Tapeten / Wandbeläge / Anstrich im Gemeinschaftseigentum	x					
Telefonanschlüsse	X					
Terrassen (ebenerdig)	X					
Treppen	X					
Trittschalldämmung	X					
Türen (auch Wohnungseingangstüren von außen)	x					
Türen innerhalb der Wohnung		x				
Verbrauchsmessgeräte für Heiz- und Warmwasserkosten (auch innerhalb der Wohnung)	x					
Wände (tragende)	x					
Wände (nicht tragend) innerhalb der Wohnung		x				
Wärmedämmung	x					
Wasseruhren (auch innerhalb der Wohnung)	x					

Vgl. ZINK/WIEKE

7 Besonderheiten bei Erbbaurechten

7.1 Das Erbbaurecht

Das Erbbaurecht war ursprünglich vor allem als wohnungsbaupolitische Maßnahme gedacht und stellt eine städtebau-, wohnungs- und sozialpolitische Einfluss- und Steuerungsmöglichkeit dar. Es handelt sich dabei um das vererbliche und veräußerliche Recht, ein Bauwerk auf fremdem Grund und Boden zu errichten.

Der Grundstückseigentümer (auch Erbbaurechtsgeber genannt) räumt dem Erbbaurechtsnehmer das Recht ein, sein Grundstück zu nutzen und darauf ein Gebäude zu errichten. Der Erbbaurechtsgeber verzichtet damit auf das wirtschaftliche Eigentum an seinem Grundstück. Das ist eine Ausnahme von dem Grundsatz, dass ein Gebäude wesentlicher Bestandteil des Grundstückes ist. Meist wird als Ausgleich für die Übertragung dieses Rechtes vom Erbbaurechtsnehmer ein Erbbauzins an den Grundstückseigentümer gezahlt. Der Erbbauberechtigte erwirbt ein – oft zeitlich begrenztes – Eigentum an seinem Haus; in der Praxis sind Laufzeiten zwischen 75 und 100 Jahren üblich. Wenn das Erbbaurecht durch Zeitablauf erlischt, fällt das Grundstück samt Bebauung wieder in das wirtschaftliche Eigentum des Erbbaurechtsgebers.

Ein Erbbaurecht entsteht durch Einigung der Beteiligten über die Entstehung und die Eintragung ins Grundbuch. Regelmäßig wird es in einem sogenannten Erbbaurechtsvertrag bestellt, welcher der Schriftform und notariellen Beurkundung bedarf. Sobald ein Erbbaurecht bestellt ist, wird es in das Grundbuch eingetragen und es wird ein eigenes Erbbaugrundbuch eröffnet. Gesetzliche Grundlage ist das Erbbaurechtsgesetz (ErbbauRG).

Die Errichtung eines Gebäudes kann auch im Rahmen eines Nießbrauchs, einer Grunddienstbarkeit, einer beschränkten persönlichen Dienstbarkeit oder eines Miet- oder Pachtvertrages gestattet werden. Das errichtete Gebäude geht hier jedoch, im Gegensatz zum Erbbaurecht, in das Eigentum des Grundstückseigentümers über.

7.2 Praktische Bedeutung

Erbbaurechtsgrundstücke machen in Deutschland rund fünf Prozent der Wohnbaufläche aus. 60 Prozent der Grundstücke sind mit Wohnhäusern bebaut; als Erbbauzins zu zahlen sind üblicherweise vier bis sechs Prozent des Grundstückswertes, im Durchschnitt 3,6 Prozent bei ca. 99 Jahren Laufzeit; die Zahlungen erfolgen in der Regel viertel- oder halbjährlich, aber auch als kapitalisierte Einmalzahlungen. 85 Prozent der Gemeinden sind zur Ausgabe neuer Erbbaurechte bereit.

Erbbaurechtsgeber sind oft öffentliche Großgrundbesitzer wie z. B. der Staat, Kommunen, Stiftungen, Kirchen oder Siedlungsgesellschaften. Sie haben dadurch den Vorteil, dass die Grundstücke bewirtschaftet werden und Zinsen einbringen, ohne dass sie verkauft werden müssen und ohne dass das Vermögen aufgezehrt wird. Auch jede Privatperson kann Erbbaurechtsgeber werden; dies kommt in der Praxis aber nur selten vor.

Das Erbbaurecht stellt eine Alternative zum Grundstückskauf dar: Es kann sich beispielsweise für Familien lohnen, die ein Haus bauen wollen, sich aber die Raten für einen Grundstückskauf nicht leisten können.

7.3 Inhalte von Erbbaurechtsverträgen

An die Bestellung eines Erbbaurechts hat der Gesetzgeber einige Anforderungen geknüpft. So muss die Art des Bauwerkes näher bestimmt werden und es muss (mit wenigen Ausnahmen) die erste Stelle im Grundbuch einnehmen. Das Erbbaurecht kann nur an einem Grundstück als Ganzes bestellt, seine Ausübung jedoch auf einzelne Grundstücksteile und Gebäude beschränkt werden.

Erbbauberechtigter können jede natürliche oder juristische Person sowie Personenmehrheiten sein. Auch der Eigentümer selbst kann an seinem eigenen Grundstück ein Erbbaurecht bestellen, das sogenannte Eigentümererbbaurecht. Dies wird beispielsweise praktiziert, um das Erbbaurecht später zu veräußern und so die Immobilienfinanzierung für den Erwerber des Erbbaurechtes zu erleichtern.

Darüber hinaus gibt es häufig weitere Regelungen, die die Vertragssicherheit beider Parteien erhöhen sollen: In der Regel wird für die Einräumung des Erbbaurechts eine Gegenleistung verlangt; häufig werden auch Vereinbarungen zur Gestaltung oder Nutzung des zu errichtenden Bauwerks sowie über etwaige Vorkaufsrechte getroffen.

Die Gestaltung des Erbbaurechtsvertrages ist innerhalb des gesetzlichen Rahmens frei. Inhalt des Erbbaurechts kann nach § 2 ErbbauRG sein:

„1. die Errichtung, die Instandhaltung und die Verwendung des Bauwerks;
2. die Versicherung des Bauwerks und seinen Wiederaufbau im Falle der Zerstörung;
3. die Tragung der öffentlichen und privatrechtlichen Lasten und Abgaben;
4. eine Verpflichtung des Erbbauberechtigten, das Erbbaurecht beim Eintreten bestimmter Voraussetzungen auf den Grundstückseigentümer zu übertragen (Heimfall);
5. eine Verpflichtung des Erbbauberechtigten zur Zahlung von Vertragsstrafen;
6. die Einräumung eines Vorrechts für den Erbbauberechtigten auf Erneuerung des Erbbaurechts nach dessen Ablauf;
7. eine Verpflichtung des Grundstückseigentümers, das Grundstück an den jeweiligen Erbbauberechtigten zu verkaufen.“

7.4 Heimfall und Beendigung des Erbbaurechts

Das Erbbaurecht endet durch beiderseitige Aufhebung oder Zeitablauf. Sobald das Erbbaurecht durch Zeitablauf endet, fallen Erbbaurecht und Bebauung in das wirtschaftliche Eigentum des Erbbaurechtsgebers. Dafür kann im Erbbaurechtsvertrag ein Anspruch auf Entschädigung für den Erbbaurechtsnehmer vereinbart sein.

Von der Beendigung des Erbbaurechts zu unterscheiden ist der sogenannte Heimfall: Nach § 2 Ziff. 4 ErbbauRG können die Vertragsparteien vereinbaren, dass das Erbbaurecht unter bestimmten Bedingungen an den Erbbaurechtsgeber rückübertragen wird (Heimfall). Diese Klausel ist von großer praktischer Bedeutung, da der Grundstückseigentümer die normalen vertraglichen Rechte wie Rücktritt oder Kündigung bei vertragswidrigem Verhalten des Erbbaurechtsnehmers nicht in Anspruch nehmen kann. Eine gesetzliche Beschränkung der Heimfallgründe gibt es nicht, jedoch müssen sie im Rahmen der guten Sitten (§ 138 BGB) und nach „Treu und Glauben" (§ 242 BGB) vereinbart werden. Insofern können der Zahlungsverzug oder die nicht ordnungsgemäße Instandhaltung des Bauwerks Gründe für den Heimfall sein. Nach § 33 Abs. 1–3 ErbbauRG bleiben die Hypotheken, Grund- und Rentenschulden sowie Reallasten bestehen, wenn sie nicht dem Erbbauberechtigten selbst zustehen. Gleiches gilt für die Vormerkung eines gesetzlichen Anspruchs auf Eintragung einer Sicherungshypothek. Alle anderen Rechte wie Dienstbarkeiten und Nießbrauchrechte verlieren ihre Gültigkeit.

7.5 Kauf oder Erbbaurecht?

Für wen lohnt sich die Bestellung eines Erbbaurechtes im Gegensatz zum Kauf eines Grundstückes? Dies macht folgende Beispielrechnung deutlich.

Ein Grundstück im Wert von 150.000,- € wird zum Verkauf angeboten. Optional besteht die Möglichkeit, darauf ein Erbbaurecht mit einer Laufzeit von 99 Jahren zu bestellen. Der Erbbauzins beträgt 3 % des Grundstückswertes, der Darlehenszinssatz 2 % bei einer anfänglichen Tilgung von 2 %.

Das Darlehen wäre unter diesen Konditionen nach 34 Jahren und 9 Monaten getilgt; die monatliche Rate beliefe sich auf 500,- €, der Erbbauzins monatlich auf 375,- € (150.000 € x 0,03 / 12).

Grundlagen der Berechnung

Darlehensbetrag:	150.000,- €
Kaufpreis bzw. Wert des Grundstücks	150.000,- €
Sollzinssatz p. a. (Sollzinsbindung für die gesamte Laufzeit)	2,00 %
Anfängliche Tilgung p. a.	2,00 %
Erbbauzins	3,00 %
Laufzeit des Darlehens bis zur Volltilgung	34 Jahre und 9 Monate

(Vereinfachte) Rechnung für den Darlehensnehmer:

Nach 34 Jahren und 9 Monaten hat der Darlehensnehmer (12 x 34 + 9 =) 417 Raten in Höhe von jeweils 500,- € gezahlt, insgesamt also 208.500,- €. Danach fallen keine weiteren Zahlungen an und das Grundstück gehört ihm.

(Vereinfachte) Rechnung für den Erbbaurechtsnehmer:

Nach 99 Jahren hat der Erbbaurechtsnehmer (12 x 99 =) 1.188 Mal je 375,- € gezahlt, insgesamt also 445.500,- €. Das Grundstück gehört ihm jedoch nicht. Wird also die gesamte Laufzeit des Erbbaurechts betrachtet, ist der Grundstückskauf attraktiver.

Genau genommen müssen noch weitere Aspekte berücksichtigt werden, auf die an dieser Stelle nicht näher eingegangen werden soll:

- Die Vorteilhaftigkeit des Kaufs gegenüber dem Erbbaurechtsvertrag hängt auch davon ab, welcher Zeitraum betrachtet wird.
- Bei der Kreditfinanzierung kann sich der Sollzins während der Laufzeit jeweils am Ende einer Zinsbindungsfrist ändern.
- Der Erbbauzins kann sich während der Laufzeit ändern.
- In der obigen Rechnung wurde mit Nominalbeträgen gerechnet. Zu berücksichtigen ist auch die Inflation.
- Bei der Kreditfinanzierung gehört dem Immobilieneigentümer das Grundstück, sobald er schuldenfrei ist. Das Grundstück erfährt häufig eine Wertsteigerung. Hiervon profitiert der Grundstückseigentümer, nicht jedoch der Erbbauberechtigte.
- Die Vorteilhaftigkeit hängt auch davon ab, wie hoch die Hypothekenzinssätze gegenüber den Erbbauzinsen sind. In einer Hochzinsphase für Darlehen kann die obige Rechnung ganz anders aussehen.
- Für einen Immobilienkäufer, der über ausreichende liquide Mittel verfügt und nicht auf Kredite angewiesen ist, ist der Kauf tendenziell attraktiver. Das hängt aber auch von alternativen Geld-Anlagemöglichkeiten ab.
- Letztlich ist es eine persönliche und individuelle Frage, ob jemand Monat für Monat lieber Vermögen aufbaut oder das Geld verkonsumiert.

8 Besonderheiten beim Immobilienerwerb im „Alter"

Neben den bereits erläuterten Kriterien, auf die beim Erwerb einer Immobilie geachtet werden sollte und die unabhängig vom Alter des potenziellen Käufers sind, sollten Senioren weitere Faktoren beachten.

Hierzu einige Beispiele:

- Ist die neue Immobilie barrierefrei?
  Gibt es Rampen oder lediglich Stufen im Eingangsbereich? Wie lassen sich die anderen Stockwerke erreichen? Ein Aufzug ist von Vorteil, um schwere Einkäufe nicht zu Fuß ins Obergeschoss tragen zu müssen. Als Barriere kann auch die „Stolperstufe" zur Terrasse oder zum Balkon angesehen werden.
- Wie breit sind Türen und Treppen?
  Türen sollten mindesten 90 cm, besser 100 cm breit sein, um mit einem Rollstuhl bzw. Rollator passierbar zu sein. Bei Treppen ist eine Breite von mindestens 120 cm vorteilhaft, um bei Bedarf den Einbau eines Treppenliftes zu ermöglichen.
- Sind Duschen ebenerdig bzw. mit einer ganz flachen Duschtasse ausgestattet?
  Beim Duschen in der Badewanne können nicht nur Senioren ausrutschen. Auch das Ein- und Aussteigen über den Wannenrand kann beschwerlich sein. Duschen sollten, um barrierefrei zugänglich zu sein, mit flacher Duschtasse oder besser ebenerdig angelegt sein. Bodenfliesen sollten rutschsicher sein. Gegebenenfalls werden weitere Hilfsmsittel benötigt wie ein Wannenlift, herunterklappbare Spiegel oder ein behindertengerechtes WC mit Haltegriffen.
- Wie groß sind die einzelnen Räume?
  Um in einer Wohnung bzw. in einem Raum mit einem Rollstuhl selbstständig fahren zu können, müssen die Räumlichkeiten unter Berücksichtigung der Möblierung ausreichende Rangierflächen aufweisen. Das betrifft insbesondere das Badezimmer.

- Gibt es Abstellmöglichkeiten für Hilfsmittel?
  Wenn jemand auf einen Rollstuhl, Rollator o. Ä. angewiesen ist, stellt sich häufig die Frage, wo diese Hilfsmittel abgestellt werden können, wenn sie nicht in Gebrauch sind.
- Sind Ärzte und Kliniken erreichbar?
  Senioren setzen andere Schwerpunkte als junge Immobilienerwerber. So spielt die Nähe von Kindergarten und Grundschule eine eher untergeordnete Rolle, während die Erreichbarkeit von Ärzten, Kliniken und Begegnungsstätten wichtig ist.

9 Die Wertentwicklung von Immobilien

Die Werte von Immobilien bzw. bebauten Grundstücken werden durch den Grundstücksmarkt bestimmt. Dieser ist regional und in der zeitlichen Entwicklung sehr heterogen. So sind in den meisten Ballungsräumen die Preise von Wohnimmobilien in den letzten Jahrzehnten sehr stark gestiegen, während in einzelnen strukturschwachen Regionen ein Preisverfall beobachtet werden kann. Da die zukünftige Wertentwicklung nicht sicher vorherzusehen ist, kann ein Interessent seine Entscheidung für oder gegen einen Immobilienkauf im Wesentlichen nur nach seinen finanziellen Möglichkeiten und der aktuellen Marktlage treffen.

Für die Abschätzung einer künftigen Preis- und Wertentwicklung kann ein Blick in die Vergangenheit hilfreich sein. Hierzu wird in der folgenden Tabelle 19 und in Abbildung 25 beispielhaft die Preisentwicklung von Wohnungseigentum in der Kernstadt von Paderborn, einer aufstrebenden Universitätsstadt mit rund 150.000 Einwohnern, für die Jahre 1994 bis 2014 dargestellt.

Die Tabelle gibt das Preisniveau von Neubauten sowie zehn und 20 Jahre alten Eigentumswohnungen über einen Zeitraum von 21 Jahren wieder. Bei Neubauten ist zu beachten, dass in den angegebenen Preisen die Bodenbeläge der Wohnräume und die Malerarbeiten in der Regel nicht enthalten sind. Zu sehen ist, dass zehn Jahre alte Eigentumswohnungen im Mittel 25 Prozent, 20 Jahre alte sogar 38 Prozent preiswerter sind als Neubauten. Dabei ist zu beachten, dass Neubauten oder neuere Wohnungen grundsätzlich einen besseren Baustandard haben als ältere Wohnungen, beispielsweise bei der Wärmedämmung.

Tab. 19: Preisentwicklung von Wohnungseigentum

Preisentwicklung von Wohnungseigentum in der Kernstadt Paderborn 1994 - 2014

Quelle: Grundstücksmarktberichte des Gutachterausschusses für Grundstückswerte in der Stadt Paderborn und eigene Auswertungen

Die Zahlenangaben beziehen sich auf Wohnungen von 50 bis 100 m² Größe in Wohnhäusern mit 6 bis 16 Wohnungen.
In den Preisen ist ein Kfz-Außenstellplatz enthalten.

Jahr	Preisniveau Neubau €/m²	Preisniveau 10 Jahre alt €/m²	Preisniveau 20 Jahre alt €/m²	Quotient 10 Jahre : Neubau	Quotient 20 Jahre : Neubau	Wert ETW Bj. 1994 €/m²
1994	1.725	1.350	1.175	78%	68%	1.725
1995	1.675	1.350	1.175	81%	70%	1.630
1996	1.725	1.450	1.200	84%	70%	1.650
1997	1.800	1.425	1.225	79%	68%	1.660
1998	1.825	1.425	1.250	78%	68%	1.650
1999	1.825	1.450	1.225	79%	67%	1.625
2000	1.775	1.425	1.250	80%	70%	1.550
2001	1.750	1.375	1.200	79%	69%	1.475
2002	1.750	1.350	1.200	77%	69%	1.425
2003	1.850	1.400	1.200	76%	65%	1.430
2004	1.925	1.400	1.175	73%	61%	1.400
2005	1.900	1.375	1.150	72%	61%	1.350
2006	1.875	1.350	1.125	72%	60%	1.300
2007	1.950	1.275	1.075	65%	55%	1.220
2008	1.950	1.300	1.025	67%	53%	1.195
2009	2.150	1.375	1.075	64%	50%	1.210
2010	2.150	1.400	1.125	65%	52%	1.235
2011	2.200	1.550	1.250	70%	57%	1.320
2012	2.300	1.700	1.300	74%	57%	1.370
2013	2.550	1.875	1.325	74%	52%	1.390
2014	*2.650*	*1.975*	*1.400*	75%	*53%*	*1.400*
Mittel-wert	1.967	1.456	1.196	74,4%	61,6%	1.439

Die Zahlen für 2014 sind nach bisheriger Beobachtung des Grundstücksmarktes (Stand September 2014) vorsichtig geschätzt.

Quelle: Kreisvermessungsdirektor a.D. Dipl.-Ing. Josef Werner, Paderborn

Abb. 54: Preisniveau von Eigentumswohnungen

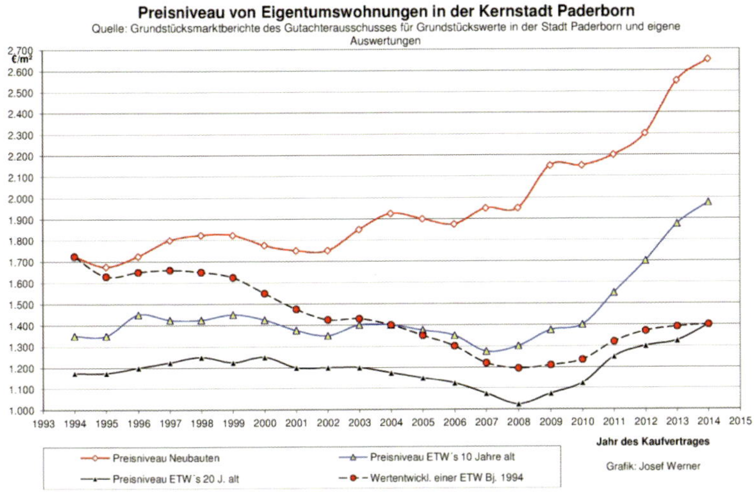

Quelle: Kreisvermessungsdirektor a.D. Dipl.-Ing. Josef Werner, Paderborn

Von 1994 bis 2008 blieb das Preisniveau für Neubauten sowie zehn und 20 Jahre alte Wohnungen etwa konstant. Seit 2009 zogen die Preise deutlich an. Ob und wann wieder mit konstanten oder gar fallenden Preisen zu rechnen ist, kann hier nicht prognostiziert werden.

Ein Immobilienkäufer sollte bedenken, dass seine Immobilie mit den Jahren älter wird. Beispielsweise ist in dem Diagramm die Wertentwicklung einer 1994 als Neubau erworbenen Eigentumswohnung dargestellt. Ihr Wert entspricht 2004 dem einer zehn Jahre alten, 2014 dem einer 20 Jahre alten Wohnung (Abbildung 25). Trotz der in den letzten Jahren deutlich gestiegenen Preise hat der Wert der älter gewordenen Wohnung noch nicht wieder das Niveau des ursprünglich bezahlten Kaufpreises erreicht.

Bei diesen Betrachtungen ist bisher unberücksichtigt geblieben, dass mit einem Immobilienkauf immer die Grunderwerbsteuer sowie Notar- und Grundbuchkosten als Kaufnebenkosten verbunden sind. Gegebenenfalls kommen noch Gutachter- und Maklerkosten hinzu. Diese Kaufnebenkosten liegen etwa zwischen sieben und zwölf Prozent des Kaufpreises und können bei einem weiteren Verkauf nicht auf diesen aufgeschlagen werden. Daher sollte ein Immobilienkäufer die Absicht haben, die Immobilie mindestens für rund zehn Jahre zu behalten.

Die vorstehenden Erläuterungen können prinzipiell auch auf andere Regionen übertragen werden, wobei die Wertentwicklung dort ganz anders verlaufen kann als in Paderborn.

Auch für den Kauf von Ein-, Zwei- und Mehrfamilienhäusern können die vorstehenden Ausführungen Anregungen zu entsprechenden Überlegungen sein.

10 Immobiliensuche und Kauf

Nachdem geklärt wurde, wie die Immobilie aussehen sollte und welcher Finanzierungsrahmen zur Verfügung steht, muss nun nur noch das richtige Objekt gefunden und gekauft werden. Wie geht man dabei vor und was sollte man, auch bei den konkreten Kaufverhandlungen, beachten?

10.1 Informationsquellen für den Käufer

Einem potenziellen Käufer steht für die Immobiliensuche eine Vielzahl an Informationsquellen zur Verfügung:

- Makler
- Internet
- Zeitungsinserate
- Banken mit Immobilienabteilungen
- Zwangsversteigerungen
- Mund-zu-Mund-Propaganda

Ob eine Suche über die jeweilige Quelle erfolgreich ist, hängt von vielen Faktoren wie beispielsweise der Art der Immobilie ab. Die folgenden Kapitel beziehen sich insbesondere auf private Wohnimmobilien, d. h. Interessenten für Einfamilienhäuser (EFH), Reihenhäuser, Doppelhaushälften (DHH) und Eigentumswohnungen (ETW).

10.1.1 Makler

Immobilienmakler sind Unterhändler, die gegen Entgelt Gelegenheiten zum Kaufvertragsabschluss nachweisen bzw. vermitteln. Der Makler nimmt dem Immobilieninteressierten die Arbeit ab, sich selbst nach einem geeigneten Objekt umzuschauen und führt Nachfrager und Anbieter von Immobilien zusammen (Abb. 55).

Abb. 55: Beteiligte beim Immobilienkauf/-verkauf

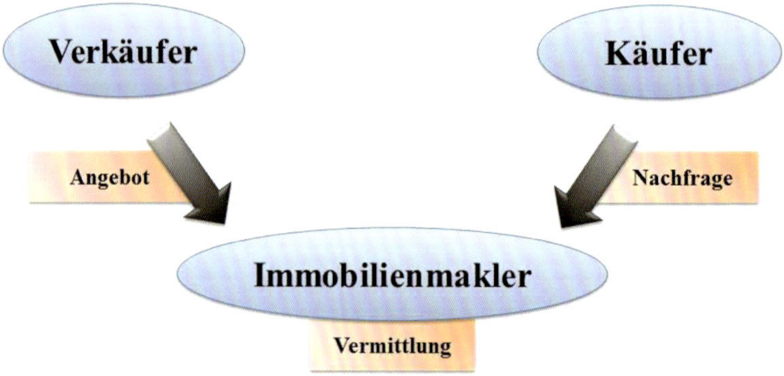

Die Zulassung zur Ausübung des Maklerberufes ist an keine gesetzlich vorgeschriebene Ausbildung gebunden. Es reicht eine Gewerbeanmeldung und die Erlaubnis der zuständigen Behörde im Sinne des § 34 c Gewerbeordnung, welcher besagt, dass die Person in geordneten finanziellen Verhältnissen leben muss und in den vergangenen fünf Jahren bestimmte Straftaten nicht begangen haben darf.

Diese niedrigen Zulassungsvoraussetzungen können potenzielle Auftraggeber verunsichern. Denn ein Immobilienmakler hat es mit Menschen zu tun, die sich den Lebenstraum vom Wohneigentum erfüllen wollen und dazu ein Vielfaches ihres Jahreseinkommens einsetzen müssen. Eine Fehlentscheidung kann die Betroffenen in existenzielle Gefahr bringen.

Über Bewertungsportale im Internet oder die Homepage des Maklers gibt es die Möglichkeit, einen guten Immobilienmakler zu erkennen: Mitglieder im Dachverband der Immobilienmakler (IVD) oder ausgebildete Immobilienkaufleute weisen solide Kenntnisse auf. Auch gibt es die (bisher freiwillige) Möglichkeit, sich nach der seit Mai 2009 existierenden Norm DIN EN 15733 („Maklernorm") zertifizieren zu lassen. In dieser Norm werden grundlegende Anforderungen bezüglich der Aufgaben und Ausbildung an den Makler beschrieben. Danach zählen zu den Aufgaben eines Immobilienmaklers u. a.:

a) Beratung (z. B. Informationen über Marktwerte von Grundstücken für den Auftraggeber)
b) Marketing und Werbung für Grundstücke
c) Kauf und Verkauf
d) Mietgeschäfte, Vermietung und Verpachtung
e) Betrieb, Ankauf und Anmeldung von Rechten bei Immobilien
f) Besichtigung von Unterkünften und anderen Arten von Gebäuden und Land
g) Aufsetzen von Verträgen
h) Veranlassung von Kontrollen und Grundstücksbegehungen
i) Kontaktherstellung und Gesprächsaufnahme zwischen Verkäufer und Käufer

Damit beginnen die konkreten Aufgaben eines professionellen Maklers mit der marktgerechten Einschätzung bzw. Bewertung eines Objektes. Er ist für die Aufbereitung der Unterlagen, das Exposé und die Vorbereitung des Angebots verantwortlich, vereinbart Besichtigungen und führt diese auch durch. Während der Besichtigung berät er und erläutert die Details der Immobilie. Soll ein Kaufvertrag geschlossen werden, kann er den ersten Kontakt zum Notar aufnehmen und die wesentlichen Daten zum Objekt und zu den Vertragsparteien übermitteln. Sein Vermittlungsgeschick ist gefragt bei Unstimmigkeiten bzw. Problemen, die zwischen den Parteien bei der Vorbesprechung des Kaufvertragsentwurfs oder beim Notartermin auftauchen könnten.

Beauftragt werden kann ein Makler durch den Normalauftrag, den Alleinauftrag und den qualifizierten Alleinauftrag. Beim Normalauftrag wird ein Makler mit der Vermittlung eines Objektes betraut, jedoch kann der Interessent auch selbstständig weitersuchen und andere Makler zusätzlich damit betrauen. Bei einem Alleinauftrag darf kein anderer Makler beauftragt werden und beim qualifizierten Alleinauftrag läuft alles über den Makler; auch der Interessent selbst darf nicht mehr aktiv werden.

Dabei befindet sich der Maklersektor derzeit deutschlandweit in einer Veränderungsphase – dank Internet und damit erhöhter Transparenz des Angebots. Die ständige Weiterentwicklung von Vertriebswegen und Informationsquellen machen es einem Käufer leichter, Objekte ohne die Hilfe eines Maklers zu finden. Durch das von der Regierung geplante und wahrscheinlich 2015 in Kraft tretende „Paket für bezahlbares Bauen und Wohnen" könnte die Maklerbranche ebenfalls betroffen sein. Hier soll geregelt werden, dass der Makler künftig vom Besteller, also meist vom Verkäufer, bezahlt wird.

Vorteile eines Maklers

Ein guter Makler verfügt über Soft Skills wie Verhandlungsgeschick, vertrauenerweckende Persönlichkeit und angemessenes Auftreten. Er stellt viele Fragen, um die Wünsche und finanziellen Möglichkeiten seines Kunden auszuloten und ihm passende Angebote unterbreiten zu können. Durch die Erstellung eines konkreten Suchprofils ist es einerseits für ihn einfacher, die richtige Immobilie zu finden, andererseits hilft es dem Käufer, Rückschlüsse auf die Qualität des ausgewählten Immobilienmaklers zu ziehen. Er präsentiert folglich ansprechende, auf die jeweiligen Wünsche abgestimmte Objekte, wodurch Enttäuschungen bei Besichtigungen vermieden werden können. Mit hoher Sach- und Fachkompetenz, also Marktkenntnissen und Praxiswissen, kann er dem Kaufinteressenten ein Gefühl für das Preisgefüge des Marktes vermitteln und ihm einen Überblick über die angebotenen Objekte geben. Mit Wissen zu dem Standort der Immobilie und Wertentwicklungstrends verschafft er dem Auftraggeber einen Informationsvorteil gegenüber anderen Interessenten. So bietet er seinem Kunden evtl. ein neues, passendes Objekt an, bevor er das Angebot öffentlich bewirbt und dadurch für alle zugänglich macht.

Die Suche nach der geeigneten Immobilie kostet Zeit. Durch die Wahl des richtigen Maklers ist es dem Suchenden möglich, Zeit einzusparen. Ihm stehen Quellen zur Verfügung, die Laien ggf. nicht kennen, nicht nutzen können – z. B. Kooperationen mit anderen Maklern und Banken – oder die mit viel Zeitengagement verbunden sind. Wird eine Immobilie in einer weit entfernten Stadt gesucht, kann der beauftragte Makler vor Ort eine Vorauswahl an potenziellen Immobilien zusammenstellen und Besichtigungstermine bündeln.

Nachteile eines Maklers

Weniger professionelle Makler vertrösten ihre Kunden oder unterbreiten lediglich unpassende Vorschläge. Nachteilig ist ebenfalls die anfallende Provisionszahlung.

Kosten

Ein Immobilienmakler erhält für seine Dienstleistung eine Provision (Courtage). Die Höhe der Maklerprovision kann frei verhandelt werden und variiert je nach Region, Makler, Marktlage, Preis der Immobilie und Immobilienart. Sie wird im sogenannten Maklervertrag vereinbart. Ist dort keine Vereinbarung bezüglich des Maklerlohns getroffen, gilt nach § 653 BGB der übliche Lohn.

Ein Maklervertrag kann auch stillschweigend, d. h. durch sogenanntes konkludentes Handeln, zustande kommen. Dabei sollten die Absprachen nachträglich schriftlich festgehalten werden, um im Streitfall den Inhalt beweisen zu können. Wurde zum Beispiel der Provisionsanspruch des Maklers in den Werbeunterlagen des Objektes (Exposé, Prospekt) formuliert, kann bereits die Anforderung der Objektunterlagen oder die Vereinbarung eines Besichtigungstermins mit dem Makler als Inanspruchnahme von Nachweis- oder Vermittlungsdiensten genügen, um den Maklervertrag zum Abschluss zu bringen. Hierbei schuldet der Käufer dem Makler die Provision (Käuferprovision). Allerdings sollte der Makler gegenüber dem Interessenten bereits im Rahmen seines Angebotes die Höhe des Provisionsanspruches deutlich gemacht haben.

Die erfolgreiche Vermittlung einer Immobilie endet mit dem Abschluss eines Kaufvertrages. Dann sind Maklerprovisionen zwischen drei und sechs Prozent des Kaufpreises fällig. Zusätzlich wird die gesetzliche Mehrwertsteuer (aktuell 19 %) erhoben. Provisionen, die weit über die ortsüblichen Regelungen hinausgehen, können sittenwidrig sein und müssen seitens des Auftraggebers ggf. nicht gezahlt bzw. können zurückgefordert werden (OLG Frankfurt am Main, 05.02.2008, 18 U 59/07).

Vorsicht ist geboten, wenn der Kontakt zu mehreren Maklern besteht, die dieselbe Immobilie vermarkten. Im ungünstigsten Fall werden mehrere Provisionen fällig. Umso wichtiger ist es daher, sich mit dem Maklervertrag ausgiebig auseinanderzusetzen und bei Unsicherheit einen Fachmann zurate zu ziehen.

Kostenaufteilung (Käufer/Verkäufer)

Bezieht ein Verkäufer einen Makler unter der Voraussetzung ein, dass der Käufer die Kosten einer erfolgreichen Vermittlung zu tragen hat, besteht zwischen dem Verkäufer und dem Makler lediglich ein Auftrag. Der Maklervertrag kommt dann zwischen dem Nachfrager und dem Makler zustande.

Beauftragt der Käufer den Makler mit der Suche nach einem passenden Objekt, schuldet er in der Regel die Provision. Jedoch kann auch hier Gegenteiliges vereinbart werden.

Es ist außerdem möglich, dass ein Immobilienmakler als Doppelmakler für beide Seiten, d. h. sowohl für den Verkäufer als auch für den Käufer, provisionspflichtig tätig wird. Der Doppelmakler ist zur strengen Unparteilichkeit verpflichtet. Er hat gegenüber beiden Auftraggebern umfassende Aufklärungs- und Informationspflichten.

Erhält ein Makler den Verkaufsauftrag für ein Objekt und ein zweiter einen Suchauftrag, treffen die Makler für den Fall, dass ein Kaufvertrag zustande kommt, oft eine Absprache über die Provisionsaufteilung, einen sogenannten Untermaklervertrag. Entweder werden die Verkäufer- und die Käuferprovision geteilt oder der erste Makler erhält die Verkäuferprovision, der zweite die Käuferprovision.

Die Höhe der Courtage ist von Bundesland zu Bundesland und teilweise sogar von Region zu Region verschieden, auch die Kostenaufteilung zwischen Käufer und Verkäufer ist unterschiedlich. Generell gibt es eine Dreiteilung. In einigen Bundesländern trägt der Käufer die gesamte Provision, in anderen der Verkäufer. Immer beliebter wird die „Halbe-Halbe-Regelung", bei der Käufer und Verkäufer die Provision zu jeweils gleichen Teilen zahlen.

Tab. 20: Maklerprovisionen (inkl. MwSt.) nach Bundesländern und jeweiliger Anteil des Käufers

Bundesland	Maklerprovision gesamt	Anteil Käufer
Baden-Württemberg	7,14 %	3,57 %
Bayern	7,14 %	3,57 %
Berlin	7,14 %	7,14 %
Brandenburg	7,14 %	7,14 %
Bremen	5,95 %	5,95 %
Hamburg	6,25 %	6,25 %
Hessen	5,95 %	5,95 %
Mecklenburg-Vorpommern	5,95 %	3,57 %
Niedersachsen Model I	7,14 %	3,57 %
Niedersachsen Model II	4,76 – 5,95 %	4,76 – 5,95 %
Nordrhein-Westfalen	7,14 %	3,57 %
Rheinland-Pfalz	7,14 %	3,57 %
Saarland	7,14 %	3,57 %
Sachsen	7,14 %	3,57 %
Sachsen-Anhalt	7,14 %	3,57 %
Schleswig-Holstein	7,14 %	3,57 %
Thüringen	7,14 %	3,57 %

10.1.2 Internet

Das Internet bietet die Möglichkeit, sich im Netz zunächst zu informieren und die Seiten der Makler, Banken oder städtischen Liegenschaftsämter zu durchstöbern. Es erweist sich aber immer mehr als Alternative zu einer Maklerbeauftragung, denn verschiedene Immobilien-Plattformen bieten Immobilien online an, so z. B.:

- www.immobilienscout24.de
- www.immowelt.de
- www.immonet.de
- www.immopool.de

Bei Plattformen dieser Art ist es jedem möglich, die Angebote einzusehen und selbst tätig zu werden. Häufig endet die Suche im Internet mit dem Abschluss eines Kaufvertrages. Dabei sollte nicht übersehen werden, dass auch auf diesen Seiten Objekte über Makler provisionspflichtig angeboten werden.

Eine Alternative zu überregionalen Portalen sind regionale Internetseiten, die die eigene Suche durch regional begrenzte Angebote einschränken und dadurch erleichtern.

Vorteile der Internetsuche

Die Immobiliensuche im Internet sorgt für Markttransparenz. Sie hilft bei der Vorauswahl und zeigt, was der Markt zu welchen Konditionen bietet. Sie ist zeit- und ortsunabhängig und ermöglicht gegenüber Inseraten in Tageszeitungen eine gezieltere Recherche. Durch die Angabe verschiedener Kriterien (Lage, Stadtteil, Größe, Zimmeranzahl, Preisobergrenze, aber auch Garten, Einbauküche oder Eigentumswohnung nur im Erdgeschoss) wird die Suche eingeschränkt und dadurch übersichtlicher. Hochgeladene Bilder und Dokumente gewähren einen ersten Eindruck von der Immobilie und der Umgebung. Auch Extras wie Finanzierungsrechner werden immer häufiger angeboten. Die Zeitersparnis und der höhere Informationsgehalt gegenüber der Durchsicht von Zeitungsinseraten ist erheblich.

Nachteile der Internetsuche

Die Vielfalt des Angebots erschwert trotz Eingabemasken und Suchkriterien die Orientierung. Dazu trägt bei, dass viele Angebote unvollständig oder nicht mehr aktuell sind, andere auf mehreren Plattformen gleichzeitig angeboten werden, sodass ein potenzieller Käufer letztlich dieselben Objekte findet. Außerdem nutzen auch Makler diese Seiten: Ist einem dies nicht bewusst und fordert man ein Exposé an oder vereinbart einen Besichtigungstermin mit dem Makler, wird beim Kauf des Objektes ggf. die Maklerprovision fällig. Außerdem werden registrierte Plattformnutzer ggf. mit Werbung überhäuft.

Nicht selten stehen insbesondere Kaufinteressenten, die in eine unbekannte Stadt umziehen, vor der Aufgabe, Vororte und Stadtteile zu erkunden, die für die eigene Immobilie infrage kämen. Diese Suche nimmt enorm viel Zeit in Anspruch. Hinzu kommt, dass gerade bei einer derart wichtigen Entscheidung ein Expertentipp oft hilfreich sein kann und vor falschen Entscheidungen schützt. Ein guter Makler hat viel Erfahrung und kann auf Aspekte hinweisen, die ein Käufer selbst nicht bedacht hätte.

10.1.3 Zeitungsinserate

Auch im Internetzeitalter hat die Printwerbung noch große Bedeutung. Die regelmäßige Lektüre der Immobilienanzeigen in Tageszeitungen verschafft einen guten Überblick.

Da sich für verschiedene Immobilienarten unterschiedliche Printmedien anbieten, besteht die Möglichkeit, in anderen Journalen als der Tageszeitung ein passendes Objekt zu finden. Kaufinteressenten, die eine sehr hochwertige Immobilie suchen, können beispielsweise Ausschau in Wochen- und Sonntagszeitungen sowie Wirtschaftsmagazinen halten. Für Spezialobjekte hingegen eignen sich Fachzeitschriften.

Auch das eigene Schalten einer Zeitungsannonce (Immobiliengesuch) kann eine Alternative sein. Der Vorteil hierbei ist, dass potenzielle Objekte direkt angeboten werden und der Käufer somit einen Großteil der Zeit für die Selektion spart.

Vorteile Zeitungsinserate

In Tageszeitungen sind auch Objekte von weniger technikaffinen Verkäufern enthalten: Immobilienbesitzer sind häufig ältere Personen, die das Internet nicht oder nur sehr eingeschränkt nutzen. Ein Zeitungsinserat stellt für sie die einzige Möglichkeit der Werbung dar. Diese Inserate bei der Immobiliensuche nicht zu berücksichtigen wäre ein großer Fehler.

Die Suche nach einer Immobilie über die Tageszeitung mit begrenztem Leserkreis vergrößert im Gegensatz zu einer weit gestreuten Annonce im Internet die Chance des Suchenden, die Immobilie tatsächlich erwerben zu können. Außerdem gewinnt man in der Tageszeitung sehr schnell einen Überblick über die gesuchte Objektart, da die Annoncen auf den Immobilienseiten größtenteils vorsortiert sind (EFH, DHH, Eigentumswohnung etc.).

Zu berücksichtigen ist die Möglichkeit, eine Zeitungsannonce mit dem Internetauftritt zu koppeln und somit Zusatzinformationen frei zugänglich zu machen.

Nachteile Zeitungsinserate

Da der Immobilienteil in der Tagespresse in der Regel höchstens zwei Mal pro Woche erscheint, muss an genau diesen Tagen recherchiert und oftmals schnell reagiert werden. Gekauft und ausgewertet werden sollten verschiedene Printmedien über einen längeren Zeitraum, da die Objekte normalerweise nicht jede Woche inseriert werden. Dabei enthalten die Inserate je nach Art und Größe oft nur Basisinformationen. Um nähere Informationen bzw. ein Exposé zu erhalten, ist der Kontakt zu dem Inserenten (Verkäufer, Makler) nötig.

Insgesamt spielt die Formulierung einer (Zeitungs-) Anzeige eine große Rolle. Weniger attraktive Tatsachen werden häufig beschönigend umschrieben: „sehr zentrale Lage" kann „viel Verkehr und Lärmbelästigung" bedeuten, „wenige Autominuten in die Innenstadt" kann übersetzt „nur mit dem Auto gut erreichbar" bzw. „kein ÖPNV" heißen. Schöne Umschreibungen können blenden!

Auch bei der Recherche in Printmedien kann es passieren, dass ein Immobiliensuchender auf Angebote eines Maklers stößt, die sich auf den ersten Blick nicht von denen der Privatleute unterscheiden. Um nicht Gefahr zu laufen, ungewollt Maklergebühren zahlen zu müssen, sollte man sich bei dem ersten Kontakt nach etwaigen Kosten erkundigen.

10.1.4 Banken mit Immobilienabteilungen

Banken und Sparkassen bieten ebenfalls Immobilien an, d. h., sie betätigen sich als Makler. Neben Zeitungsanzeigen und Internetportalen werden die Objekte auch über Aushänge in der Filiale oder Schaukästen beworben.

Dabei ist zu beachten, dass die Immobiliensuche und die Immobilienfinanzierung zwei unterschiedliche Dinge sind. Die Immobilienfinanzierung kann, muss aber nicht über die gleiche Bank abgewickelt werden, über die der Kauf eines Objektes angebahnt wurde. Kaufinteressenten sollten sich in jedem Fall weitere Finanzierungsangebote einholen. Jedoch ist es ein Vorteil, Fragen zur Immobilienfinanzierung direkt in der Bank stellen zu können.

10.1.5 Zwangsversteigerungen

Immobilien können auch im Rahmen einer Zwangsversteigerung erworben werden. Termine zu Zwangsversteigerungen und die zugehörigen Wertgutachten können unter www.zvg.de oder www.zvg-portal.de eingesehen werden. Ebenso wird in Tageszeitungen auf Zwangsversteigerungen hingewiesen. Hier ist es oft möglich, Objekte deutlich unter dem Verkehrswert erwerben zu können. Zu bedenken ist das Risiko, dass eine ersteigerte Wohnung noch vom Alt-Eigentümer bewohnt sein kann und dieser nicht ohne weiteres zur Räumung der Wohnung bereit ist.

10.1.6 Mund-zu-Mund-Propaganda

Hat ein potenzieller Käufer die Absicht, in naher Zukunft eine Immobilie zu kaufen, sollte dieser Wunsch kommuniziert werden. So können Freunde, Verwandte, Nachbarn, Sportkameraden, Arbeitskollegen etc. die ersten Ansprechpartner sein. Auch der Blick auf Aushänge in Kindergärten, Supermärkten, Gemeindehäusern etc. kann erfolgreich sein. Hierbei sollte der potenzielle Käufer bereit sein, offen auf Menschen zuzugehen. Darüber hinaus sollte auf Hinweisschilder am Objekt geachtet werden, die auf den Verkauf, den Eigentümer und eine Telefonnummer hinweisen.

Insbesondere beim Immobilienkauf von Freunden und Verwandten fehlt eine gewisse Neutralität. Um unrealistischen Preisvorstellungen auf beiden Seiten aus dem Weg zu gehen, sollte über eine professionelle Immobilienbewertung nachgedacht werden. Generell kann aber von einer grundsätzlich höheren Bereitschaft ausgegangen werden, den realen Wert als Kaufpreis festzusetzen. Die Gefahr, „abgezockt" zu werden, ist geringer. Außerdem gibt es keine unzähligen Mitbewerber, die sich um dasselbe Objekt bemühen.

Käufer und Verkäufer profitieren gleichermaßen: Der Verkäufer weiß, in welche Hände er seine Immobilie gibt und er erspart sich kostenintensive Werbung sowie zeitintensive Besichtigungstermine. Beide ersparen sich die Maklergebühr.

10.2 Kauf-Verhandlungen

Es liegt in der Natur der Sache, dass beide Seiten versuchen, die eigenen Vorstellungen durchzusetzen. Je weiter diese auseinanderliegen, desto schwieriger wird ein für alle Parteien zufriedenstellender Vertragsabschluss. Insofern ist es wichtig, schrittweise aufeinander zuzugehen, weil andernfalls eine Einigung kaum möglich ist.

Beim Immobilienkauf steht der Kaufpreis im Mittelpunkt. In der Regel wird der geforderte Kaufpreis zunächst vom Verkäufer festgelegt. Bei seinen Überlegungen lässt er sich häufig von Dritten (Bekannte, Sachverständige, Makler) beraten. Es ist nachvollziehbar und verständlich, dass er einen möglichst hohen Preis erzielen möchte. Häufig wird er zunächst einen überhöhten Preis fordern, um Verhandlungsmasse zu schaffen – insbesondere dann, wenn der Verkäufer keine Eile beim Verkauf hat. Das führt häufig dazu, dass der Käufer verunsichert ist, welchen „wahren" Wert die Immobilie hat. Hier hilft ein vom Kaufinteressenten selbst in Auftrag gegebenes Wertgutachten eines Sachverständigen. Ein solches Wertgutachten ist aber keine Garantie dafür, dass der Kaufinteressent das Objekt dann auch tatsächlich bekommt.

Verhandlungen laufen nicht nach einem festen Schema ab, sondern entwickeln häufig eine Eigendynamik, die nur begrenzt steuerbar ist. Dennoch können Kaufverhandlungen durch Beachtung einiger Regeln erfolgreich gestaltet werden.

Bei Besichtigungsterminen, Gesprächen und Verkaufsverhandlungen sollten beide Seiten versuchen, eine Vertrauensbasis und eine positive Gesprächsatmosphäre herzustellen.

Während einer Besichtigung sollten positive Eigenschaften der Immobilien seitens des Interessenten nicht besonders (übertrieben) betont werden. Dies zeigt dem Verkäufer starkes Interesse und schwächt die Verhandlungsposition. Es gilt, Ruhe zu bewahren, sich nicht unter Druck setzen zu lassen und auch nach der Erstbesichtigung ein paar Tage Bedenkzeit zu erbitten. Besteht nach zwei bis drei Tagen weiterhin das Interesse an der Immobilie, sollten keine vorschnellen Kaufpreisangebote gemacht werden.

Für Privatpersonen ist der Kauf einer Immobilie meist eine einmalige Sache. Insofern sollte sich der Kaufinteressent gründlich vorbereiten. Hilfreich kann sein, das Kaufgespräch zu üben bzw. mit der Familie oder Freunden den Verlauf zu simulieren. Dabei ist es wichtig, die eigenen Vorstellungen mit fester Stimme und ohne zu zögern vorzutragen. Ein sicheres Auftreten kann dazu beitragen, seinem Gegenüber deutlich zu machen, dass das Angebot gut durchdacht ist und lediglich ein kleiner Verhandlungsspielraum existiert. Dennoch ist ein eigener Verhandlungsspielraum von zehn bis 15 Prozent einzukalkulieren.

Erreichen die Parteien am Ende einer Kaufverhandlung keinen Konsens, sollten sie dennoch versöhnlich auseinandergehen. Damit bleibt die Möglichkeit zur Rückkehr an den Verhandlungstisch bestehen, ohne das Gesicht zu verlieren. Nicht selten kommt es vor, dass die Einigungsbereitschaft der Gegenseite nach einer kurzen Bedenkzeit größer wird.

Tipps für die Verhandlungen

- Eine gute Vorbereitung ist Voraussetzung für eine erfolgreiche Verhandlung.
- Ein wenig Smalltalk zu Beginn der Verhandlungen kann die Gesprächssituation auflockern.
- Die Verhandlungsziele müssen realistisch sein! Hilfreich ist eine Liste mit durchzusetzenden Hauptzielen (z. B. Preisobergrenze, Einzugstermin etc.) und verhandelbaren Unterzielen – sortiert nach Wichtigkeit.
- Aktives Zuhören gibt Hinweise darauf, was dem Verhandlungspartner besonders wichtig ist.
- Mögliche Szenarien sollten gedanklich durchgespielt und verschiedene Lösungsansätze erarbeitet werden.
- Baumängel bzw. wertbeeinflussende Gegebenheiten sind sachlich vorzutragen – mit dem höflichen Hinweis darauf, dass diese ggf. noch nicht ausreichend bei der Kaufpreisvorstellung des Verkäufers berücksichtigt wurden.
- Zurückhaltung mit eigenen und vorschnellen Preisaussagen!

- Bei Unsicherheit bezüglich des Verkehrswertes der Immobilie sollte für die Kaufberatung bzw. die Erstellung eines Wertgutachtens ein Sachverständiger eingeschaltet werden.
- Die Verhandlungsergebnisse sind schriftlich festzuhalten, eine Ausfertigung des erstellten Protokolls ist beiden Verhandlungspartnern auszuhändigen. Spätere Unstimmigkeiten über Detailfragen können dadurch vermieden werden.
- Natürlich bleiben und darauf achten, einen positiven Eindruck zu hinterlassen.
- Die eigene Verhandlungsposition hängt insbesondere davon ab, welche Alternativen im Falle des Scheiterns noch bestehen.

11 Glossar

Abgeschlossenheit Für die Entstehung von Wohnungs- bzw. Teileigentum ist die Abgeschlossenheit erforderlich. Als abgeschlossen gilt, wenn der Raum vollkommen durch Wände oder Decken von anderen Räumen abgegrenzt ist. Die Abgeschlossenheitsbescheinigung wird durch die zuständige Baubehörde erteilt und ist Voraussetzung für die Teilungserklärung beim Notar. Diese wiederum ist Grundlage der Bildung von Wohnungseigentum im Grundbuch.

Alleinauftrag Der Alleinauftrag wird einem Immobilienmakler exklusiv erteilt. Er stellt eine besondere Art des Maklervertrages dar und ist nicht im BGB geregelt. Dem Makler wird eine besondere Vertrauensposition seitens des Auftraggebers verliehen.

Auflassung Einigung von Verkäufer und Käufer vor dem Notar über den Übergang des Eigentums an einer Immobilie. Der Eigentumsübergang erfolgt in der Regel erst mit Eintragung des neuen Eigentümers im Grundbuch.

Aufteilungsplan Aus dem Aufteilungsplan ist ersichtlich, welche Teile des Gebäudes einem Wohnungseigentümer und welche Teile dem Gemeinschaftseigentum zuzuordnen sind. Dabei muss eindeutig kenntlich gemacht werden, welche Teile zu welcher Eigentumsart gehören.

Belastung Eintragung von Rechten und Lasten bezüglich eines Grundstücks im Grundbuch.

Beschluss Innerhalb der Wohnungseigentümerversammlung können die Wohnungseigentümer per Beschluss über Angelegenheiten des gemeinschaftlichen Eigentums entscheiden.

Beschluss-Sammlung Aufstellung über alle in der Wohnungseigentümerversammlung gefassten Beschlüsse. Sie wird vom Wohnungseigentumsverwalter geführt.

Beschränkte persönliche Dienstbarkeit Zugunsten einer Person bestelltes Recht, z. B. das Wegerecht für Herrn Müller.

Besitzer Derjenige, der die tatsächliche Herrschaft über eine Sache ausübt. Davon zu unterscheiden ist der Eigentümer, dem die Sache rechtlich gehört. Beispielsweise ist der Mieter einer Wohnung Besitzer, nicht jedoch Eigentümer der Wohnung.

Eigentümer Eigentümer eines Grundstückes ist grundsätzlich derjenige, der als Eigentümer im Grundbuch eingetragen ist. Der Eigentumsübergang erfolgt nach einem rechtsgeschäftlichen Erwerb erst mit Eintragung des neuen Eigentümers im Grundbuch. Abweichend davon gibt es auch Eigentumswechsel außerhalb des Grundbuches, z. B. bei einer Zwangsversteigerung oder einem Erbfall. In diesen Fällen wird das Grundbuch im Nachhinein berichtigt. Vom Eigentumsübergang zu unterscheiden ist der Besitzübergang. Dieser gibt an, wann der neue Eigentümer das Objekt übernehmen und einziehen kann.

Eigentumswohnung Eine Eigentumswohnung ist ein in sich abgeschlossener Wohnbesitz innerhalb eines Mehrparteienhauses, das grundbuchlich in einzelne Wohneinheiten unterteilt ist. Für jedes Wohnungseigentum ist ein eigenes Grundbuch angelegt. Beleihen, verkaufen und vererben ist wie bei (bebauten) Grundstücken möglich.

Exposé Ein Exposé dient der Beschreibung eines Objektes in übersichtlicher Form. Es fasst für Interessenten alle wesentlichen Merkmale einer Immobilie zusammen.

Gemeinschaftseigentum Alle Teile des Gebäudes, die dem gemeinschaftlichen Gebrauch dienen sowie für den Bestand und die Sicherheit des Gebäudes notwendig sind. Vom Gemeinschaftseigentum abzugrenzen ist das Sondereigentum.

Gemeinschaftsordnung Die „Verfassung“ der Gemeinschaft, in welcher durch Vereinbarung der Wohnungseigentümer abweichende Regelungen zum Wohnungseigentumsgesetz getroffen werden können, die das Innenverhältnis der Wohnungseigentümer regeln. Siehe auch Teilungserklärung.

Grundbuch Das Grundbuch ist ein öffentliches Verzeichnis von Grundstücken, das die Eigentumsverhältnisse und die Rechte an diesen Grundstücken enthält. Das Grundbuch wird beim Amtsgericht geführt.

Grunddienstbarkeit Zugunsten des Eigentümers eines anderen Grundstücks bestelltes Recht, z. B. das Wegerecht für das Nachbargrundstück.

Hausgeld In der Regel monatliche Zahlungen zur Deckung der anfallenden Kosten für das gemeinschaftliche Eigentum.

Hausordnung Enthält Regelungen (Benutzungs-, Ruhezeiten etc.) bezüglich des Zusammenlebens der Bewohner eines Hauses.

Instandhaltungsrücklage Finanzielle Rücklage für zukünftige Instandhaltungs- bzw. Instandsetzungskosten insbesondere bei Wohnungseigentum.

Jahresabrechnung Die Jahresabrechnung stellt eine geordnete Aufstellung über die tatsächlich angefallenen Einnahmen und Kosten der Wohnungseigentümergemeinschaft für das vergangene Kalenderjahr dar. Dabei muss eine Gesamtabrechnung sowie eine Einzelabrechnung erstellt werden, bei der für jeden Wohnungseigentümer ersichtlich werden muss, welche Kosten bzw. Einnahmen entstanden sind.

Kaufvertrag Ein Kaufvertrag über Grundstücke bedarf einer notariellen Beurkundung. Der Käufer wird verpflichtet, den Kaufpreis zu zahlen, während der Verkäufer der Übertragung des Eigentums zustimmt.

Konkludente Handlung Eine konkludente Handlung ist eine stillschweigende, durch schlüssiges Verhalten zum Ausdruck gebrachte Willenserklärung, wobei der Wille nicht explizit geäußert wird.

Maklerprovision Der Immobilienmakler erhält für die von ihm erbrachte Nachweis- oder Vermittlungstätigkeit eine Vergütung, die als Provision oder Courtage bezeichnet wird.

Miteigentumsanteile Jeder Wohnungseigentümer besitzt neben seinem Sondereigentum einen Miteigentumsanteil am Grundstück und den gemeinschaftlichen Flächen.

Mitsondereigentum Gemeinschaftliches Eigentum mehrerer, aber nicht aller Wohnungseigentümer innerhalb einer Wohnungseigentümergemeinschaft.

Nießbrauch Umfassendes, persönliches Recht, den mit dem Nießbrauch belasteten Gegenstand zu nutzen.

Notar Ein Notar wird öffentlich bestellt. Er hat als unabhängiger Amtsträger die Aufgabe, bestimmte Rechtsvorgänge zu beurkunden und als neutrale Instanz beiden Parteien unabhängig zur Seite zu stehen.

Notarielle Beurkundung Eine notarielle Beurkundung ist eine von einem Notar in einem Schriftstück festgelegte Bestätigung. Er bestätigt zum Beispiel die Identität der Vertragspartner und dass er den Kaufvertrag einer Immobilie selbst wahrgenommen und richtig wiedergegeben hat.

Öffnungsklausel Stellt eine Klausel in Gesetzen dar, die es erlaubt, in individuellen Vereinbarungen von den gesetzlichen Bestimmungen abzuweichen.

Penthouse Mit Penthouse wird eine Bungalow-ähnliche Wohnung auf dem Dach eines mehrgeschossigen Hauses bezeichnet. In der Regel ist dessen Wohnfläche größer als die der anderen Wohnungen im Haus.

Reallast Das Recht, wiederkehrende Leistungen aus einem belasteten Grundstück zu verlangen.

Renovierung Im Rahmen einer Renovierung wird eine Immobilie durch geeignete Maßnahmen in ihren ursprünglich guten Zustand gebracht.

Sachverständiger Ein Sachverständiger ist eine Person, die über einen überdurchschnittlichen Sachverstand sowie die nötige Erfahrung auf einem bestimmten Fachgebiet verfügt.

Selbstnutzung Selbstnutzung oder auch Eigennutzung bedeutet, dass eine Immobilie zu eigenen wohnlichen oder gewerblichen Zwecken genutzt wird. Selbstgenutzte Immobilien werden steuerlich – anders als vermietete Objekte – wie Konsumgüter behandelt.

Sondereigentum Alleineigentum des Wohnungseigentümers an einer bestimmten Wohnung oder an nicht zu Wohnzwecken dienenden Räumen, mit dem er nach Belieben Verfahren kann.

Sondernutzungsrechte Befugnis eines Wohnungseigentümers zur alleinigen Nutzung eines bestimmten im gemeinschaftlichen Eigentum stehenden Grundstücksteils, z. B. Kfz-Außenstellplatz oder Garten. Andere Wohnungseigentümer werden von der Nutzung ausgeschlossen.

Sonderumlage Eine Sonderumlage fällt in einer Wohnungseigentümergemeinschaft an, wenn die eingenommen Gelder nicht zur Deckung der Kosten ausreichen. Diese werden dann per Sonderumlage auf die Wohnungseigentümer umgelegt.

Stadthaus In der Regel von ein bis drei Familien bewohnt und charakterisiert durch das meist sehr begrenzte Stadtgrundstück.

Stadtvilla Ein meist frei stehendes (historisches) Einfamilienhaus in städtischem Umfeld.

Teileigentum Eigentum an nicht zu Wohnzwecken dienenden Räumen, z. B. Verkaufsflächen. Rechtsgrundlage ist das WEG.

Teileigentumsgrundbuch Darin sind die Eigentumsverhältnisse an nicht zu Wohnzwecken dienenden Räumen (Teileigentum) enthalten.

Teilrechtsfähigkeit Die Wohnungseigentümergemeinschaft kann gegenüber Dritten Rechte erwerben und Pflichten eingehen. Im Innenverhältnis jedoch muss alles untereinander geregelt werden.

Teilungserklärung Erklärung gegenüber dem Grundbuchamt über das aufzuteilende Grundstück, wenn dies von einem Eigentümer aufgeteilt werden soll. Darin enthalten sind alle Regelungen über das Verhältnis der Wohnungseigentümer untereinander.

Teilungsvertrag Erklärung gegenüber dem Grundbuchamt über das aufzuteilende Grundstück, wenn dies von mehreren Eigentümern vertraglich aufgeteilt werden soll. Darin enthalten sind alle Regelungen über das Verhältnis der Wohnungseigentümer untereinander.

Umbau Veränderung des Grundrisses, evtl. mit kleineren Veränderungen der äußeren Gebäudehülle.

Vereinbarung Übereinkunft der Wohnungseigentümer in Form eines Vertrages (Teilungserklärung, etc.).

Verkehrswert Nach § 194 BauGB ist der Verkehrswert oder auch Marktwert einer Immobilie bzw. eines Grundstückes der Preis, der im gewöhnlichen Geschäftsverkehr, nach den rechtlichen Gegebenheiten, nach tatsächlichen Eigenschaften, nach sonstiger Beschaffenheit, nach Lage des Grundstücks, ohne Rücksicht auf ungewöhnliche oder persönliche Verhältnisse zu einem bestimmten Zeitpunkt zu erzielen wäre.

Verwaltungsbeirat Ein Beirat aus Wohnungseigentümern, der die Hausverwaltung bei seinen Aufgaben unterstützt und kontrolliert. Ein Verwaltungsbeirat kann (muss aber nicht) von der Wohnungseigentümergemeinschaft bestellt werden.

Vormerkung Vorläufige Eintragung ins Grundbuch, damit sichergestellt wird, dass beim Übergang vom Kaufvertrag zur Eintragung der Eigentumsänderung in das Grundbuch keine weiteren Belastungen im Grundbuch eingetragen werden können.

Wärmedurchgangkoeffizient Der Wärmedurchgangskoeffizient (U_W-Wert) ist ein Maß für den Wärmedurchgang durch ein Fenster oder sonstiges Bauteil.

Wertermittlung Im Rahmen der Wertermittlung wird der Verkehrswert (Marktwert) von Grundstücken und Gebäuden ermittelt. Die gängigen Verfahren zur Wertermittlung sind das Vergleichswert-, das Ertragswert- und das Sachwertverfahren.

Wirtschaftsplan Eine Aufstellung über die zu erwartenden Einnahmen und Kosten der Wohnungseigentümergemeinschaft für das kommende Kalenderjahr. Grundalge für die Festlegung des Hausgeldes.

Wohnfläche Die Wohnfläche ist die Summe der anrechenbaren Grundflächen der Räume, die ausschließlich zur Wohneinheit gehören. Die Grundfläche von Zubehörräumen (z. B. Keller, Abstellräume, Garagen) außerhalb der Wohneinheit werden der Wohnfläche nicht zugerechnet.

Wohnrecht Form des Nießbrauchs. Das Recht, in einem Gebäude oder in einer Wohnung zu wohnen.

Wohnungseigentum Eigentum an zu Wohnzwecken dienenden Räumen, verbunden mit einem Miteigentumsanteil am Grundstück.

Wohnungseigentümerversammlung Es stellt das wichtigste Selbstverwaltungsorgan einer Wohnungseigentümergemeinschaft dar. Sie ist mindestens einmal pro Jahr einzuberufen und dient dem Informations- und Meinungsaustausch der Wohnungseigentümer sowie der Regelung von Angelegenheiten, über die per Beschluss entschieden wird.

Wohnungsgrundbuch Darin sind die Eigentumsverhältnisse an zu Wohnzwecken dienenden Räumen und dem Miteigentumsanteil am Grundstück (Wohnungseigentum) enthalten.

12 Quellenverzeichnis

12.1 Literaturverzeichnis

Anzenberger, Robert/Oppel, Kai (2011): Immobilienkauf; Franz Vahlen Verlag, München.

Brückner, Michael/Lücke, Franz (2007): Immobilienkauf – so umgehen sie die teuersten Fallen; 4. Aufl.; Haufe Verlag, Freiburg.

Dieckhöfer, Hans (2008): Immobilienverträge richtig lesen; Gewusst wie Verlag, Münster.

DIN EN 15733 (2011): Dienstleistungen von Immobilienmaklern; Beuth Verlag GmbH, Berlin.

Engelhart, Roland (2008): Immobilienbewertung; Josef Eul Verlag, Lohmar-Köln.

Gablenz, Klaus Bernhard (2005): Grundstückswertermittlung leicht verständlich; 2. Aufl.; Beuth-Verlag, Berlin.

Geyer, Helmut (2009): Die passende Immobilie – Insidertipps für Auswahl und Kauf; Rudolf Haufe Verlag. Freiburg.

Gondring, Hanspeter (2009): Immobilienwirtschaft: Handbuch für Studium und Praxis; Franz Vahlen Verlag, München.

Gromer, Christian (2012): Die Bewertung von nachhaltigen Immobilien; Springer-Gabler, Wiesbaden.

Haas, Karl-Gerhard/Krisch, Rüdiger et al. (2012): Unser Bauherrenhandbuch – In sieben Schritten ins eigene Haus; Stiftung Warentest, Berlin.

Hellerforth, Michaela (2007) BWL für die Immobilienwirtschaft; Oldenbourg Wissenschaftsverlag, München.

Henze, Katja/Knopf, Sandra (2012): Das Image von Immobilienmaklern; Diplomica Verlag, Hamburg.

Herrling, Erich/Detzel, Patrick/Gaisbauer, Norbert (2004): Immobilien aus zweiter Hand; 2. Aufl.; C. H. Beck Verlag, München.

Herrling, Erich/Federspiel, Wolfgang (2009): Wege zum Wohneigentum; 8. Aufl.; C. H. Beck Verlag, München.

Hobbie, Dirk (2011): Immobilien richtig verkaufen; Moneylive Verlag, Oldenburg.

Hölting, Michael (2012): Immobilienfinanzierung; 8. Aufl.; Campusverlag, Frankfurt am Main.

Keldungs, Karl-Heinz/Arbeiter, Norbert (2011): Leitfaden für Bausachverständige; 3. Aufl.; Vieweg+Teubner Verlag, Wiesbaden.

Keunecke, Klaus Peter (1994): Immobilienbewertung; Springer Verlag, Berlin-Heidelberg.

Kippes, Stephan/Rehkugler, Heinz/Sailer, Erwin (2011): Handbuch für Immobilienmakler und Immobilienberater; 2. Aufl.; C. H. Beck Verlag, München.

Klöckner, Bernd W./Jung, Wolfgang (1996): Bauherren-Ratgeber – Planen, Finanzieren, Bauen; Falken Verlag, Niedernhausen/Ts..

Krafczyk, Claudia (2011): Die richtige Immobilie – suchen, finden, bewerten; 3. Aufl.; Campus, Frankfurt am Main.

Linde, Trutz/Richter, Rüdiger (1993): Erbbaurecht und Erbbauzins in Recht und Praxis; 2. Aufl., Freiburg, Rudolf Haufe Verlag.

Lutz, Hedwig Maria (2013): So verkaufe ich meine Immobilie privat und professionell; epubli Verlag, Berlin.

Mannek, Wilfried (2013): Profi-Handbuch Wertermittlung von Immobilien; 8. Aufl.; Wallhalla Fachverlag, Regensburg.

Metzger, Bernhard (2010): Bauherren-Handbuch; 9. Aufl.; Haufe Verlag, Freiburg.

Metzger, Bernhard (2007): Wertermittlung von Immobilien und Grundstücken; 2. Aufl.; Haufe Mediengruppe, Freiburg.

Nöllke, Matthias (2013): Immobilien erwerben; 8. Aufl.; Haufe Verlag, Freiburg.

Noosten, Dirk/Fries, Claudia et al. (2011): Gesamtleitung von Bauten – Ein Leitfaden zur Projektabwicklung; vdf Hochschulverlag, Zürich.

Noosten, Dirk (2013): Ratgeber Baufinanzierung; Noosten Verlag, Detmold.

Pfeifer, Hans (2010): Immobilien günstig erwerben; Haufe Verlag, Freiburg.

Probst, Stephan (2009): Häuser & Wohnungen ohne Makler verkaufen; Immoverlag, Grömitz.

Rennert, Guido (2012): Praxisleitfaden Immobilienanschaffung und Immobilienfinanzierung; Springer Verlag, Berlin-Heidelberg.

Rollmann, Christian (1997): Der Immobilienkauf; Deutscher Anwaltsverlag, Bonn.

Sailer, Erwin/Grabener, Henning J./Matzen, Ulf (2013); Alles über Immobilien; Grabener Verlag, Kiel.

Schlicht, Klaus/Gehri, Clemens (2007): Grundlagen der Verkehrswertermittlung. Bundesanzeiger Verlagsgesellschaft mbh, Köln.

Schuck, Martin (1997): Beck-Ratgeber Immobilienkauf; Beck, München.

Schulte, Karl-Werner (2006): Immobilienökonomie. Rechtliche Grundlagen; 2. Aufl., Oldenbourg Verlag, München und Wien.

Seyfried, Karl-Heinz (2012): Meine Immobilie verkaufen, verschenken oder vererben; 2. Aufl.; Verbraucher-Zentrale Nordrhein-Westfalen, Düsseldorf.

Stimpel, Roland (2013): In 10 Schritten zum Eigenheim; Linde Verlag, Wien.

Steffen, Max (2005): Courtagefrei Immobilien erwerben und mieten; p. Verlag, Grömitz.

Zink, Ulrich/Wieke, Thomas (2012): Die gebrauchte Wohnung – Kaufen, finanzieren, sanieren; Stiftung Warentest, Berlin.

12.2 Onlinequellenverzeichnis

- http://www.anwalt.de
- http://www.bauen.de
- http://www.baurechtsexperte.de
- http://www.bussysteme.org
- http://www.dvgw.de
- http://www.energieausweis-vorschau.de
- http://www.finanztip.de
- http://www.focus.de
- http://www.gesetze-im-internet.de
- http://www.grundbuch.de
- http://www.grundsteuerberechnen.de
- http://www.handelsblatt.com
- http://www.hausanalyse.de
- http://www.immobilienscout24.de
- http://www.immobilien-wissen.de
- http://www.ivd.net
- http://www.juraforum.de
- http://juristisches-lexikon.ra-kdk.de
- http://www.openpr.de/news/265370/Studie-Bedeutung-des-Erbbaurechts-in-Deutschland-unterschaetzt.html
- http://www.stadt-bad-salzuflen.de
- http://www.test-der-immobilienboersen.de
- http://www.tuev-nord.de
- http://wirtschaftslexikon.gabler.de
- http://www.wiwo.de

Register